Mechthild Scheffer

Praxis der Original Bach-Blütentherapie

Die Bach-Blütentherapie wurde vor rund 70 Jahren von dem englischen Arzt Dr. Edward Bach entwickelt und ist heute weltweit angesehen und verbreitet.

Die Bach-Blütentherapie dient dazu, mit den »negativen Seelenzuständen der menschlichen Natur« – wie z. B. Ungeduld, Kleinmütigkeit, Unsicherheit, Eifersucht – konstruktiv umgehen zu lernen und wieder Anschluß an die eigenen seelischen Selbstheilungskräfte zu finden.

Zielsetzung der Bach-Blütentherapie ist seelische Harmonisierung und damit die größtmögliche Entfaltung und Stabilität der Persönlichkeit. Daraus folgt indirekt eine höhere Widerstandskraft gegen seelische Störungen und seelisch bedingte körperliche Störungen.

Es wäre aber falsch, die Wirkung in *direkten* Zusammenhang mit körperlichen Krankheitssymptomen zu bringen. Die Bach-Blütentherapie dient vielmehr in erster Linie der *seelischen Gesundheitsvorsorge*.

Die Bach-Blütenkonzentrate können deshalb auch zur Vorbeugung gegen körperliche Krankheiten und zur Unterstützung einer fachgerechten medizinischen oder psychologischen Behandlung dienen, diese aber nicht ersetzen.

Hinweis: Wenn in diesem Buch von Diagnose, Patient, Therapie oder Heilung gesprochen wird, so sind diese Begriffe nicht im gesetzlichen Sinne zu verstehen.

Mechthild Scheffer

Praxis der Original Bach-Blütentherapie

Das Basis-Material zur Selbstanwendung und Beratung

IRISIANA

IRISIANA

Die Inhalte des Buches wurden von der Verfasserin nach bestem Wissen erstellt und mit größtmöglicher Sorgfalt geprüft. Sie bieten jedoch keinen Ersatz für eine kompetente medizinische Beratung. Weder Autorin noch Verlag können für eventuelle Nachteile oder Schäden, die aus den im Buch gegebenen Hinweisen resultieren, eine Haftung übernehmen.

Bibliografische Information *Die Deutsche Bibliothek*
Die Deutsche Bibliothek verzeichnet diese Publikation in der Deutschen Nationalbibliografie; detaillierte bibliografische Daten sind im Internet unter http://dnb.ddb.de abrufbar.

Umschlaggestaltung: Die Werkstatt München / Weiss · Zembsch, unter Verwendung der Blütenmotive von Andreas Bock und des Rosenkreuzes von Dieter Bonhorst
Blüten-Illustrationen: Andreas Roth
Produktion: Ortrud Müller
Satz: Die Textwerkstatt, Wien
Druck und Bindung: Druckerei Heichlinger, München
Printed in Germany

ISBN 3-7205-2692-5

INHALT

Ziel und Zweck des vorliegenden Buchs

Das begeisterte Echo auf die Neuerscheinung des Standardwerks »Die Original Bach-Blütentherapie« im Mai 1999 lautete: »Wunderschön! Aber kein leichtes Handgepäck ...«.

Aus der Nachfrage nach einer Dünndruck-Ausgabe entstand schließlich die Idee zu diesem handlichen, ergänzenden Praxis-Buch mit Schwerpunkt auf dem Bach-Blüten-Diagnose-Gespräch als Hilfe zur Selbsthilfe. Dies ist jener Bereich, in dem die meisten Bach-Blütenanwender noch mehr Unterstützung wünschen.

Das vorliegende Praxis-Buch enthält als Auszug aus dem Standardwerk zum praktischen Nachschlagen alle Informationen, die man für ein Gespräch benötigt, sowie zusätzlich auf den Seiten 29 bis 41 neue Hilfsmittel zum Erarbeiten einer treffenden Bach-Blütenmischung im Gespräch: Formularmuster, Protokollblätter, Checklisten, Fragebögen.

Auch als erfahrener Bach-Blüten-Anwender* kann man nicht alle Symptome und Reaktionen im Kopf haben. Deshalb enthält dieses Ringbuch die Grundprinzipien und Symptomlisten der 38 Bach-Blüten jeweils auf einer Doppelseite und dazu mehr als 100 Blütenvergleiche als Entscheidungshilfe, wenn man in der Auswahl zwischen verschiedenen Blüten schwankt. Für Anfänger empfiehlt es sich trotzdem, jeweils auch die ausführlichen Blütenbeschreibungen im Standardwerk nachzulesen und sich auch durch das Betrachten der farbigen Bilder tiefer in die betreffende Blütenenergie einzufühlen.

---

* Aus Gründen der besseren Lesbarkeit werden die Begriffe »Gesprächspartner, Anwender« u. ä. in diesem Buch geschlechtsneutral verwendet, d. h. es wurde darauf verzichtet, immer wieder zu kennzeichnen, daß jeweils Frauen und Männer angesprochen sind.

Der wichtigste Teil eines Bach-Blütengesprächs – wenn es nach der Vision von Dr. Edward Bach richtig geführt wird – ist jedoch nicht die Auswahl der aktuell benötigten Bach-Blüten. Es ist vielmehr die gemeinsame Suche und das Erkennen der »geistigen Mißverständnisse«, die den Konflikt und die Disharmonie zwischen Seele und Persönlichkeit hervorgerufen haben. Es ist dieses befreiende Aha-Erlebnis, das im Bewußtsein die Transformation des negativen Potentials auslöst und die Motivation zu einer konstruktiven Verhaltensänderung in Richtung Selbstverantwortung anfacht, deren Realisierung dann durch die Einnahme der Bach-Blütenmischung gefestigt wird.

Ernsthaften Bach-Blütengesprächspartnern sollte deshalb die »Heile-Dich-Selbst-Philosophie«, die geistige Grundlage der Bach-Blütentherapie, ebenso vertraut sein wie die 38 Blütenbilder. Sie aber so in eigene Worte zu fassen, daß es ein anderer Mensch unmittelbar versteht, ist trotz der grundsätzlichen Einfachheit der Bach'schen Gedankengänge nicht immer leicht. Als Hilfestellung finden Sie deshalb auf den Seiten 9 bis 13 eine Zusammenfassung der wichtigsten von Bach verwendeten philosophischen Begriffe. Außerdem enthält dieses Praxis-Buch erstmalig bei jeder Bach-Blüte auch Kurzformulierungen der geistigen Mißverständnisse, welche zu den negativen Reaktionsmustern geführt haben könnten.

Es entspricht der Vorstellung von Edward Bach, daß jeder, der seine Blüten einnimmt, auch seine geistige Grundlagenschrift »Heile Dich Selbst« gelesen hat. Ich danke an dieser Stelle dem Hugendubel-Verlag, daß er sich bereit fand, »Heile Dich Selbst« jetzt auch als sehr preiswerte Broschüre herauszugeben, die im Bekannten- und Kollegenkreis großzügig weitergegeben werden kann. Bezugsquellen: siehe Adressen auf Seite 189.

Allen Benutzern dieses Buchs wünsche ich gute Erkenntnisse, wachsende Einsichten und Fähigkeiten und viel Erfolg in der Anwendung der Original Bach-Blütentherapie.

Mechthild Scheffer

Kapitel 1
Botschaften und Begriffe der Original Bach-Blütentherapie

Die in der Original Bach-Blütentherapie verwendeten Begriffe

Die ausführlichste Beschreibung der geistigen Elemente der Bach-Blütentherapie finden Sie in Bachs »Heile Dich selbst« und zusammengefaßt in Scheffer, »Die Original Bach-Blütentherapie. Das gesamte theoretische und praktische Bach-Blütenwissen«, Verlag Heinrich Hugendubel, München 1999, Seite 30 ff.

Die beiden geistigen Gesetze:
Ewige Wahrheiten, die sich – unterschiedlich formuliert – in allen Weltreligionen wiederfinden. Die Verwirklichung des Lebensplanes hängt davon ab, inwieweit diese Gesetze eingehalten werden.

Das Gesetz der inneren Führung
Dieses Gesetz schreibt vor, ausschließlich der eigenen inneren Führung durch das Höhere Selbst zu folgen und keine Einmischungen von anderen Persönlichkeiten in den eigenen Lebensplan zuzulassen.

Das Gesetz der Einheit
Wir sind Teil einer harmonischen größeren Einheit, eines großen Ganzen, so wie die Zelle Teil des Körpers ist. Jede Zelle steht im Austausch mit allen anderen Zellen. Alles, was wir tun, muß den Interessen dieser größeren Einheit dienen.

Verstoßen wir bewußt gegen die Interessen der Einheit, schaden wir nicht nur uns selbst, weil wir uns dadurch von ihr abtrennen, sondern wir stören auch die Harmonie der Einheit. Wir verletzen dieses Gesetz z. B., wenn wir uns in den Lebensplan von anderen Menschen einmischen und ihre Freiheit einschränken wollen;

oder wenn wir die Natur bewußt schädigen, wenn wir uns gedanklich über die geistigen Gesetze erheben.

Höheres Selbst:
In anderen Traditionen auch als »wahres oder spirituelles Selbst« bezeichnet, von Bach manchmal auch Seele genannt. Unser göttlicher Wesenskern, unser unvergängliches wahres Selbst möchte göttliche Eigenschaften in der Welt manifestieren und den persönlichen Lebensplan verwirklichen, so, wie es in der Bibel heißt: »Du sollst vollkommen sein, wie der Vater im Himmel vollkommen ist.«

Innere Führung:
Eine eng mit dem Höheren Selbst verbundene Instanz, die als Vermittlerin zur Persönlichkeit fungiert.

Persönlichkeit:
Das Instrument, das die Seele benutzt, um ihren Lebensplan zu manifestieren. Die Persönlichkeit ist unser vergänglicher Teil, das, was wir hier auf Erden darstellen, der Mensch aus Fleisch und Blut, der den Lebensplan in die Tat umsetzt.

Lebensplan:
Der Lebensauftrag. Der Fahrplan für unsere Lebensreise, den die Seele festgelegt hat.

Positive Verhaltensmuster, Tugenden und göttliche Eigenschaften:
Göttliche Eigenschaften sind z. B. Liebe, Wahrheit, Gerechtigkeit, Stärke, Schönheit, Humor. Unsere Seele möchte in einem Leben einige dieser Eigenschaften verwirklichen, um die Welt dadurch zu bereichern und vollkommener zu machen.

Bach nannte diese Eigenschaften auch die »Tugenden unserer menschlichen Natur«.

Auf der Persönlichkeitsebene manifestieren sich diese Tugenden als positive Energiepotentiale, die sich in vielfältigen Ausdrucksformen als positive Charaktereigenschaften offenbaren, z. B als Bereitwilligkeit, Hilfsbereitschaft, Toleranz. Diese äußern sich in Verhaltensmustern wie, sich kooperativ verhalten, den Standpunkt des anderen im Auge behalten, bereit sein zum Lernen usw.

Mängel und negative seelische Verhaltensmuster:
Können göttliche Eigenschaften nicht verwirklicht werden, staut sich kosmische Energie. Aus Tugenden werden Mängel, z. B. Grausamkeit, Egoismus, Gier, Stolz. Diese Mängel bezeichnet Bach als die wahren Krankheitsursachen oder die Grundkrankheiten der Menschheit. Die positiven Energiepotentiale verkehren sich ins Gegenteil, werden verzerrt und führen zu den von Bach beschriebenen 38 negativen seelischen Verhaltensmustern, z. B. ungeduldig sein, resignieren, dominieren usw., die sich schließlich über das Nervensystem im physischen Körper niederschlagen können.

Gesundheit und Krankheit:
Inneres Glücksgefühl und körperliche Gesundheit entstehen, wenn der Lebensplan von der Persönlichkeit erkannt und im Einklang mit den beiden geistigen Gesetzen verwirklicht wird, denn dann kann kosmische Energie ohne Stockungen und Stauungen durch die verschiedenen Daseinsebenen fließen.

Krankheit entsteht, wenn die Persönlichkeit nicht im Einklang mit der Führung des Höheren Selbst handelt, deren Botschaften nicht wahrnimmt, mißdeutet oder nicht wahrhaben möchte. Durch diese Kommunikationsstörung mit dem Höheren Selbst wird kosmische Energie verzerrt, was dann dazu führt, daß statt Tugenden Mängel ausgebildet werden.

Ziel der Bach-Blütentherapie:
Reharmonisierung der Persönlichkeit; Reinigung der Kommunikationskanäle, damit die Verbindung zur inneren Führung wieder möglich wird.

Geistige Irrtümer oder Mißverständnisse:
Die Ursache für das Entstehen eines Mangels oder eines negativen Verhaltensmusters liegt entweder in einem Mißverständnis kosmischer Gesetzmäßigkeiten oder in der Verwechslung der geistigen Ebene mit der weltlichen Persönlichkeitsebene (siehe Hinweise bei den einzelnen Blüten).

Die Heile-Dich-Selbst-Strategie von Edward Bach:
Die Heilungsstrategie von Edward Bach kann man unter dem Motto »Nicht bekämpfen, sondern transformieren« zusammenfassen.

1. Schritt: Charaktermängel, geistige Mißverständnisse und dadurch entstandene negative Reaktionsmuster erkennen.

2. Schritt: Diese Situation nicht »bekämpfen«, sondern als Ist-Zustand wertungsfrei akzeptieren, ihn dann aber sofort fallenlassen, als »bereits vergangen« betrachten.

3. Schritt: Die auf die bisherigen negativen Reaktionsmuster zutreffenden Blütenessenzen erkennen und unterstützend einnehmen.

4. Schritt: Nun die Blickrichtung umkehren: sich auf das große Ganze, die geistigen Gesetze, das Höhere Selbst, die innere Führung und den eigenen Lebensplan reorientieren.

5. Schritt: Negative Reaktionsmuster durch konsequentes Anwenden der entsprechenden positiven Verhaltensmuster liebevoll reharmonisieren.

Dadurch erschließt sich das positive Potential: Charaktermängel werden in Charakterstärken transformiert.

Intuition:
Unmittelbare Erkenntnis. Die Sprache, in der das Höhere Selbst mit uns spricht.

Kosmische Gesetzmäßigkeiten:
Die Gesetze, nach denen die innere Ordnung unserer Schöpfung, der kosmische Plan, funktioniert. Diese Gesetze werden seit Jahrtausenden von Weisen, Meistern und Philosophen aller Kulturen und in vielen Religionen gelehrt.

Polaritätsebene:
Die Persönlichkeit lebt in der Welt der Gegensätze – d. h. der Polarität von Gut und Böse, Liebe und Haß, usw. – und neigt dazu, sich mit einem dieser Pole zu identifizieren. Von der Ebene des Höheren Selbst aus betrachtet, sind die beiden Pole jedoch die verschiedenen Ausdrucksformen desselben Prinzips. Durch das Studium der geistigen oder kosmischen Gesetze haben wir die Möglichkeit, dies zu erkennen und frei zu entscheiden, welche Ausdrucksform eines Prinzips wir verwirklichen wollen.

Potential:
Kraftmöglichkeit bzw. Leistungsfähigkeit

Projektion:
Unbewußte seelische Inhalte und Konflikte werden in die Außenwelt verlagert, man bekämpft zum Beispiel den eigenen Vater in der Person seines Chefs.

Resonanzgesetz:
Eine der kosmischen Gesetzmäßigkeiten: Wir kommen mit Ereignissen, Personen oder Lebensumständen in Resonanz, die uns schwingungsmäßig entsprechen - »wie innen so außen«. Jeder Mensch kann nur das anziehen, was seiner derzeitigen Schwingung entspricht. Angst zieht also das an, was wir befürchten; Freude zieht Erfreuliches an.

Transformation:
Umwandlung

Verantwortung:
Verantwortung zu übernehmen bedeutet, sich als Verursacher einer Sache zu erkennen und anzuerkennen, eine bewußte Entscheidung zu treffen und für die Konsequenzen einzustehen.

Verdrängungen:
Verschieben unerwünschter Wahrnehmungen aus dem aktuellen Bewußtseinsfeld ins Unbewußte, Nicht-wahrhaben-Wollen eigener Gefühle und Vorstellungen.

Die Vision von Edward Bach

Edward Bach,
1886–1936

„Statt der Methoden des Materialismus braucht es in der Wissenschaft die Methoden, die auf Realität der Wahrheiten basieren und von den gleichen göttlichen Gesetzen gelenkt werden wie unser eigenes Wesen.

Die Heilkunst wird aus der Domäne rein physischer Behandlungsmethoden des Körpers weiterschreiten zu spirituellem und mentalem Heilen. Durch Wiederherstellung der Harmonie zwischen Seele und Gemüt wird sie die Grundursache der Krankheit entfernen und dann auch jene physischen Mittel zulassen, die vielleicht noch notwendig sind, um die Heilung des Körpers zu vervollständigen.

Somit wird der Arzt der Zukunft zwei große Ziele haben:

Das erste wird sein, dem Patienten zur Kenntnis über sich selbst zu verhelfen und ihn auf die fundamentalen Irrtümer und Fehler hinzuweisen, die er begehen kann.

Solch ein Arzt muß sich eingehend mit dem Studium der geistigen Gesetze, die den Menschen beherrschen, sowie mit dem Wesen der menschlichen Natur beschäftigen, damit er bei denen, die zu ihm kommen, jene Faktoren erkennen kann, die einen Konflikt zwischen der Seele und der Persönlichkeit hervorgerufen haben.

Er muß imstande sein, dem Leidenden zu raten, welche Arten des Handelns gegen die Einheit er aufgeben und welche notwendigen Tugenden er entwickeln muß.

Jeder einzelne Fall wird eine sorgfältige Betrachtung erfordern, und nur jene, die einen großen Teil ihres Lebens dem Studium des Menschen gewidmet haben und deren Herz von dem Verlangen zu helfen erfüllt ist, werden diesen herrlichen und göttlichen Dienst für die Menschheit erfüllen können: die Augen des Leidenden zu öffnen und ihn über den Grund seines Seins aufzuklären, ihm Hoffnung zu vermitteln und sein Vertrauen zu erwecken, um ihm so zu helfen, seine Krankheit zu besiegen.

Bei der korrekten Behandlung darf nichts Verwendung haben, das dem Patienten seine Eigenverantwortlichkeit abnimmt, sondern es dürfen nur solche Maßnahmen gebraucht werden, die ihm helfen, seine Fehler zu überwinden.

Die zweite Pflicht des Arztes wird darin bestehen, solche Heilmittel zu verabreichen, die dem materiellen Körper helfen, Kraft zu gewinnen, und dem Geist helfen, ruhig zu werden, seinen Horizont zu weiten und nach Vollkommenheit zu streben; die also Frieden und Harmonie in die ganze Persönlichkeit einkehren lassen.

Solche Heilmittel gibt es in der Natur, wo sie die Gnade des göttlichen Schöpfers zu Heilung und Trost der Menschheit entstehen ließ.

Einige dieser Heilmittel sind bekannt, und weitere werden zur Zeit in verschiedenen Teilen der Welt gesucht, besonders in unserer Mutter Indien. Es besteht kein Zweifel daran, daß wir im Zuge dieser Forschungen viel von dem Wissen, das schon vor über zweitausend Jahren bekannt war, zurückgewinnen werden.

Laßt Euch nicht durch die Einfachheit der Methode von ihrem Gebrauch abhalten, denn je weiter Eure Forschungen voranschreiten, um so mehr wird sich Euch die Einfachheit aller Schöpfung erschließen". (Originalzitate von Edward Bach)

Die Botschaft der Intuition

„Bist du jemals auf den Gedanken gekommen, daß Gott dir eine Individualität geschenkt hat?

Er gab dir eine ganz eigene Persönlichkeit; einen Schatz, der nur für dich bestimmt ist. Er gab dir ein Leben, das nur du allein führen kannst. Er gab dir eine Aufgabe, die nur du erfüllen kannst. Er stellte dich, ein göttliches Wesen, in diese Welt, damit du lernst, vollkommen zu werden, alles erreichbare Wissen zu erwerben, gütig und freundlich zu werden und anderen zu helfen.

Und dies ist nicht so schwierig, wie es auf den ersten Blick vielleicht erscheint. Es wird von uns nur erwartet, daß wir unser Bestes tun, und das ist für uns alle möglich, wenn wir nur den Geboten unserer Seele folgen. Das Leben verlangt keine unvorstellbaren Opferleistungen von uns; wir sollen mit Freude im Herzen unseren Weg gehen.

Die meisten von uns sind während der Kindheit und Jugend ihrer Seele viel näher als in späteren Jahren. Wir haben dann oft klarere Vorstellungen von unserer Lebensaufgabe, von den Leistungen, die von uns erwartet werden, und von den Charakterzügen, die wir zu entfalten haben.

Der Lebensplan der Seele und des Höheren Selbst für die Persönlichkeit.

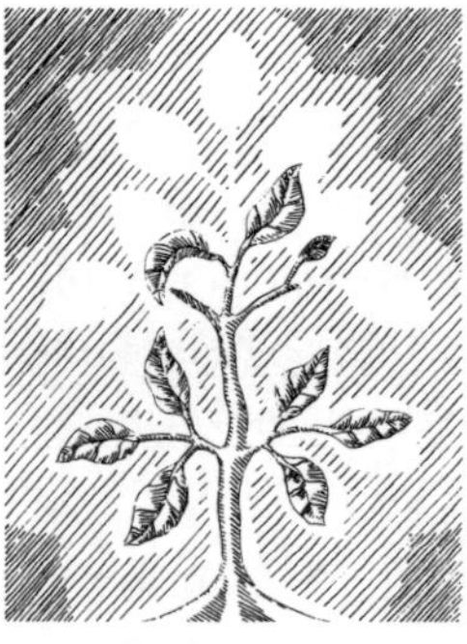

Unvollständig entwickelte Persönlichkeit: Potentiale sind »mangelhaft« entwickelt.

Idealzustand: Die Persönlichkeit hat alle Potentiale des Lebensplanes verwirklicht.

Hast du jemals darüber nachgedacht, wie Gott zu dir spricht, über deine ganz eigene Aufgabe, und darüber, wie du dein Schiff auf seinem richtigen Kurs halten kannst? Er spricht zu dir durch deine eigenen, echten, tiefinneren Wünsche, die das Verlangen deiner Seele zeigen. So einfach ist es.

Wenn wir nur unseren tiefinneren Wünschen lauschen und sie befolgen, werden wir immer richtig geleitet.

Unsere Seele (die kleine, sanfte Stimme im Innern; Gottes Stimme) spricht zu uns durch unsere Intuition: unsere Instinkte, unsere inneren Wünsche, Ideale, unsere ungewöhnlichen Vorlieben und Abneigungen – und zwar in der Art und Weise, die für uns jeweils am leichtesten zu vernehmen ist.

Alles wahre Wissen kommt allein aus unserem Innern durch die stille Kommunikation mit unserer Seele.

Es ist kein weithergeholtes, schwer zu erreichendes Ideal, die Stimme der eigenen Seele zu vernehmen; das war immer ganz einfach für uns, wenn wir es nur zulassen. Einfachheit ist der Grundton der ganzen Schöpfung.

Wahrheit braucht nicht analysiert, diskutiert oder in viele Worte verpackt zu werden. Du erkennst sie in einem Sekundenbruchteil; sie ist Teil von dir.

Nur die unwesentlichen, komplizierten Dinge des Lebens verlangen viele Worte, was zur Entfaltung des Intellekts geführt hat.

Die Dinge, auf die es ankommt, sind einfach. Das sind die Momente, in denen wir sagen: „Oh, das ist wahr; das habe ich eigentlich schon immer gewußt." Damit verbunden ist das Glücksgefühl, das uns erfüllt, wenn wir in Verbindung und Harmonie mit unserer Seele sind; und je enger, je umfassender die Einheit ist, desto intensiver die Freude.

Wir können unsere Gesundheit daran messen, wie glücklich wir sind, und anhand unseres Glücksempfindens können wir erkennen, daß wir den Geboten unserer Seele Folge leisten."
(Originalzitate von Edward Bach)

Kapitel 2

Hilfe zur Selbsthilfe: Das Bach-Blütengespräch

Bei der Arbeit mit den Bach-Blüten sollte die eigene Entwicklung und Entfaltung immer an erster Stelle stehen. Denn, wie Bach sinngemäß sagte: »Das größte Geschenk, das man einem anderen machen kann, ist, selbst glücklich und voller Hoffnung zu sein, denn so zieht man ihn aus seiner Niedergeschlagenheit empor.«

Mit anderen Worten: Durch die eigene harmonische Schwingung harmonisiert sich auch die Frequenz des anderen – sogar schon ohne jede Blüteneinnahme.

Hat man die positive Wirkung der Bach-Blüten etwa ein Jahr lang an sich selbst erfahren (siehe Scheffer, Die Original Bach-Blütentherapie, 1999 S. 244 ff.), so kann man ins Auge fassen, auch seinen Mitmenschen damit zu helfen. Bach verstand darunter Dienst am Nächsten im besten Sinne des Wortes: das heißt für Angehörige, Freunde und Kollegen – also Menschen, die man gut kennt.[1]

Drängen Sie Ihre Dienste nicht auf.

Sprechen Sie von den Möglichkeiten der Bach-Blütentherapie, und warten Sie ab, ob Ihr Gesprächspartner von diesen Möglichkeiten Gebrauch machen möchte. Das mag Ihnen schwerfallen, wenn Sie genau sehen, wie sehr eine Bach-Blütenmischung Ihrer Freundin oder Kollegin helfen würde, die gerade eine akute seelische Krisensituation durchlebt, z. B. nach dem Tod des Ehemannes oder bei eskalierenden Problemen am Arbeitsplatz. Doch warten Sie ab. Wenn die Initiative nämlich von der inneren Füh-

[1] Die gewerbsmäßige Behandlung Dritter, also fremder Personen, mit Bach-Blüten unterliegt in Deutschland, Österreich und der Schweiz unterschiedlichen gesetzlichen Vorschriften.

rung Ihres Gesprächspartners ausgeht, wird die Mischung sehr viel wirksamer sein (Heal-thyself-Prinzip).[2]

Anstoß zur Krisenbewältigung

Oft liefert eine Mischung unter Freunden den ersten entscheidenden Impuls, die Krisenbewältigung aus eigener Kraft anzugehen; in vielen Fällen verhilft eine erste Mischung aus dem Freundeskreis auch zu der Erkenntnis, daß für dieses Problem professionelle medizinische oder psychotherapeutische Hilfe gesucht werden muß.

Oftmals lernen Ihre Freunde im Laufe der Zeit aber auch selbst, die Bach-Blüten als Werkzeug zur Selbsthilfe zu gebrauchen, und Sie haben Gesprächspartner für zukünftige Bach-Blütensitzungen gewonnen.

»Warum will ich anderen eigentlich helfen?«

Um sicherzugehen, daß man seinem Gegenüber tatsächlich helfen kann und mit der Sorge um andere nicht nur eigene Defizite kompensiert, sollte man sich in einer stillen Stunde zunächst einmal nach den eigenen Motiven fragen: »Warum will ich anderen eigentlich helfen?«, »Ist es wirklich der Dienst am Nächsten, oder was bewegt mich noch?«, »Stehen dahinter vielleicht der Wunsch nach Einflußnahme, die Suche nach mehr Kontakten oder gar materielle Interessen?«

Je mehr diese und ähnliche begrenzende persönliche Motive, von denen kein Mensch völlig frei sein kann, im Vordergrund stehen, desto geringer werden zwangsläufig die Erfolge sein. Denn in solchen Fällen wird das Handeln nicht vom Höheren Selbst nach geistigen Gesetzen gelenkt.

»Warum sucht der andere das Gespräch mit mir?«

Interessant kann auch die Frage sein, warum der andere ausgerechnet mit mir das Gespräch sucht. Kommt er freiwillig, oder

[2] Dies gilt nicht für die Verabreichung von Notfalltropfen und für Mischungen für Kinder.

wurde er geschickt? Sucht er wirklich Unterstützungen in einem Veränderungsprozeß, oder braucht er nur eine Klagemauer? Betrachtet er das Ganze vielleicht auch nur als eine Art Gesellschaftsspiel?

Je klarer wir dies erkennen, desto leichter wird uns die Entscheidung fallen, Hilfe zur Selbsthilfe anzubieten oder auch freundlich abzulehnen oder gleich einen ausgebildeten Therapeuten zu empfehlen.

Die Auswahl der Blüten, sagt Bach, geschieht im *Gespräch*, durch *Einfühlung* in die seelische Situation des anderen Menschen und das *intuitive Erkennen* seiner derzeitigen negativen Seelenzustände.

Bei diesem Prozeß soll man seiner *Intuition vertrauen*, also jener Fähigkeit, in der Verstandesanalyse und gefühlshaftes Erfassen blitzartig zusammenwirken.

Innere Vorbereitung

Vergegenwärtigen Sie sich vor jedem Gespräch:

Hier geht es um mehr als nur darum, ein Negativgefühl »abzustellen«.

- Jeder von uns ist mit Hilfe seiner inneren Führung bewußt oder unbewußt auf der Suche nach seiner göttlichen Bestimmung, auf der Reise zu sich selbst.
- In einer seelischen Krise oder Sackgasse hat man den Anschluß an seine innere Führung verloren.
- Die tiefere geistige Ursache dafür ist das Fehlverständnis geistiger Gesetze oder ewiger Wahrheiten.
- Als Gesprächspartner bin ich ein Mitreisender, der sich mit seinen Reisegefährten gemeinsam auf die Suche nach dem geistigen Ausweg aus dieser Sackgasse aufmacht.

- Die von Bach definierten negativen Reaktionsmuster liefern Hinweise darauf, in welchem Bereich das Fehlverständnis liegen könnte. Man kann erkennen, wie dem Gesetz der Einheit oder dem Gesetz der inneren Führung zuwidergehandelt wird.
- Aber die gleichen Reaktionsmuster zeigen auch, welche positiven Qualitäten und seelischen Potentiale in uns schlummern, Fähigkeiten, die wir momentan nicht nutzen können, weil wir sie durch unser Fehlverständnis selbst blockieren.
- **Das wichtigste Ziel jedes Bach-Blütengesprächs ist es, dem Gesprächspartner zu der Einsicht zu verhelfen, daß es in seiner – und zwar ausschließlich in seiner – Hand liegt, das Ruder herumzuwerfen, sich neu zu orientieren.**
- Er muß die Zuversicht bekommen, daß dieser Schritt jetzt möglich ist und daß die Blütenimpulse ihn dabei energetisch unterstützen.
- Voraussetzung dafür ist seine Bereitschaft, die Selbstverantwortung für sein eigenes einmaliges Leben jetzt wirklich zu übernehmen.
- Fragen Sie ihn, ob er gewillt ist, seine Ausflüchte vor sich selbst zu erkennen und aufzugeben, seine inneren Widerstände fallenzulassen und sich jetzt voll auf das Abenteuer seines eigenen Lebens einzulassen.
- **Diese Grundvoraussetzung jeder echten Heilung, diese innere Haltung, kann man überzeugend nur so vermitteln, wie man sie selbst verinnerlicht hat und sie in seinem täglichen Leben umsetzt. Sie teilt sich dem Gesprächspartner unmittelbar, telepathisch, mit. Ja, sie beeinflußt sogar die energetische Wirkung der erarbeiteten Bach-Blütenmischung.**
- Suchen Sie die Verbindung mit der inneren Führung Ihres Gesprächspartners, denken, fragen und urteilen Sie mit der Kraft der Nächstenliebe, die aus dem Herzen kommt – und nicht aus dem Kopf. So können typische Gesprächsfehler wie moralische Bewertungen, intellektuelle Interpretationen, Missionieren,

Projektion eigener Vorstellungen, innerlich Recht-behalten-Wollen, gar nicht erst entstehen.

- Wenn Sie sich vor jedem Gespräch mit Ihrer inneren Führung oder Ihrem Höheren Selbst verbinden, wird es leicht möglich werden, die seelischen Irrtümer Ihres Gesprächspartners von einer sehr konstruktiven Warte aus zu betrachten und ihm mit Freude dabei zu helfen, aus seiner seelischen Sackgasse in das Licht der Erkenntnis zurückzufinden.
- Seien Sie nicht enttäuscht, wenn das nicht gleich so gelingt, wie Sie es sich erhofft haben. Jedes Gespräch ist ein gemeinsamer Schritt in die richtige Richtung und für beide eine wertvolle geistige und menschliche Erfahrung.

Die Struktur des Bach-Blütengesprächs

Weil das Gespräch mit einem vertrauten Menschen informeller abläuft als in einer therapeutischen Praxis, ist es um so wichtiger, eine Art von Gesprächsstruktur vor seinem inneren Auge zu haben, weil man sonst wichtige Gesprächselemente übersehen könnte.

Ein effektives Bach-Blütengespräch sollte folgende Elemente enthalten:

1. Klärung der Gesprächsbedingungen
2. Was ist die unmittelbare Vorgeschichte, und was sind die Begleitumstände der jetzigen Krise?
3. Sondierung des Problems und erste Bach-Blütenauswahl
4. Endauswahl der Bach-Blütenmischung
5. Besprechung der positiven Prinzipien der Bach-Blütenmischung, Motivation und Aufforderung zum Handeln.

Klärung der Gesprächsbedingungen

Am besten schon vorher, eventuell auch telefonisch, sollte abgeklärt werden: Was weiß der Gesprächspartner über die Bach-Blütentherapie? Was erwartet er von Ihnen bzw. von der Bach-Blütenmischung? Sucht er wirklich Unterstützung in einem Veränderungsprozeß, oder will er nur »Dampf ablassen« (für letzteres ist kein Bach-Blütengespräch nötig).

Welche Freunde, Angehörigen wissen von dem Gespräch? Wie lange wollen wir uns Zeit nehmen? Das Gesprächsergebnis ist erfahrungsgemäß gut, wenn man einen Zeitrahmen von einer knappen Stunde vereinbart: Gespräche mit open end lassen oft nicht die notwendige Konzentration aufkommen.

Was ist die unmittelbare Vorgeschichte, und was sind die Begleitumstände der jetzigen Krise?

Wodurch wurde sie unmittelbar ausgelöst? Wer ist unmittelbar beteiligt? Befindet sich Ihr Gesprächspartner in medizinischer, psychologischer oder gar in psychiatrischer Behandlung? (Solche Fakten werden gerade im Freundeskreis gern verschwiegen.)

In vielen Fällen kann es sehr wichtig sein, daß der Berufstherapeut weiß, daß Ihr Gesprächspartner neben seinen Medikamenten auch Bach-Blüten einnehmen möchte.

Oder weigert sich Ihr Gesprächspartner, zu einem Berufstherapeuten zu gehen? In einer akuten körperlichen oder psychischen Krise ist es Ihre Verantwortung, darauf zu dringen. In einem solchen Fall sollten Sie ihm nur die Notfalltropfen empfehlen und seine nächsten Angehörigen verständigen.

Sondierung des Problems und erste Bach-Blütenauswahl

Nochmals zur Erinnerung:

Es geht hier in erster Linie um Beobachtung und nicht um Analyse.

Wie wirkt Ihr Gesprächspartner: gedämpft, unter Druck stehend, deprimiert? Notieren Sie diese ersten intuitiven Eindrücke.

Das wichtigste Beobachtungsprinzip beschäftigt sich mit der Frage:

Wie reagiert mein Gesprächspartner seelisch auf sein Problem? Welche Gefühlsmuster läßt er erkennen? Dabei notieren Sie die Blüten, die Ihnen in den Sinn kommen, sofort.

Wichtigstes Diagnoseprinzip in der Bach-Blütentherapie:

Körperliche[3] Zustände werden als solche nicht beachtet oder interpretiert. Hier geht es nur um die Beobachtung der *seelischen Verfassung* des Gesprächspartners.

Beobachten Sie mit allen Sinnen.

Wie spricht Ihr Gesprächspartner? Welche Formulierungen wählt er? Berichtet er eilig, langsam oder zögernd? Spricht er sehr überzeugt (Vervain) oder autoritär (Vine)? Erzählt er mit leiser, ängstlicher Stimme (Mimulus)? Sagt er: »Ich habe die Hoffnung aufgegeben, daß ...« (Gorse) oder »Es macht mich ganz ungeduldig, daß ...« (Impatiens)?

Viel von der seelischen Verfassung eines Menschen verrät auch seine Körpersprache. Wie ist seine Haltung: locker oder verspannt (Rock Water)? Rutscht er unruhig auf dem Stuhl hin und her (Impatiens)? Wie geht er? Wirkt sein Lächeln echt oder aufgesetzt (Agrimony)? Hat er angespannte Grübelfalten (White Chestnut)? Wo wird offensichtlich Energie blockiert oder im Übermaß verausgabt?

Erfahrungsgemäß sprechen Menschen, die uns ins Vertrauen ziehen, jenes Problem, das sie aktuell am stärksten beschäftigt, bereits in den ersten fünf bis sechs Sätzen an. Nach einiger Erfahrung wird es Ihnen gelingen, bereits in dieser Phase drei bis vier der benötigten Blüten herauszufinden.

Mißtrauische Menschen kommen oft erst ganz am Schluß oder nach Abschluß des Gesprächs auf das Wesentliche zu sprechen.

Wenn Sie meinen, etwas nicht ganz verstanden zu haben, fragen Sie so lange nach, bis Ihnen dieser Gefühlszustand ganz klar ist.

[3] Nach der Organsprache interpretiert würden z. B. Herzprobleme zu Holly führen. Entscheidend ist aber nur: Wie reagiert mein Gegenüber seelisch auf seine Herzprobleme? Resigniert? Verzweifelt? Ungeduldig? Und was hinderte ihn oder sie bisher daran, anders mit eigenen Herzensangelegenheiten umzugehen?

Das ist besonders dann angebracht, wenn Ihr Gesprächspartner viel in Konjunktiven (»Ich müßte wohl ...«) oder Verallgemeinerungen (»Man sollte ...«) spricht oder sich in Vermutungen ergeht (»Ich nehme an, daß mein Mann ...«). Hier nachzufragen ist nicht indiskret, sondern hilft Ihrem Gesprächspartner, sein Problem selbst klarer zu erkennen und gezielter nach einer Lösung zu suchen. Wenn Sie fragen, lassen Sie dem anderen genügend Zeit zum Antworten. Auch wenn eine kleine Pause eintritt, schie-ßen Sie nicht aus Unsicherheit gleich mit der nächsten Frage hinterher.

Machen Sie sich Notizen, achten Sie aber darauf, daß der Redefluß und das Zuhören nicht darunter leiden.

Erst wenn die Schilderung der aktuellen Gefühle nicht aufschlußreich genug ist, fragen Sie nach den Hintergründen.

Die Mehrzahl aller Krisen beruht letztlich auf ungelösten Konflikten mit Eltern und anderen Bezugspersonen, unverarbeiteten Erlebnissen und Schicksalsschlägen oder auch auf problematischen Weltanschauungen. Achten Sie aber darauf, dabei die Beobachtungsebene nicht zu verlassen und nicht in Bewertungen wie »Das finde ich nicht gut!« und Interpretationen wie »Das hat sicher mit Ihrer Mutter zu tun« zu verfallen.

Fragen Sie etwa: Sind ähnliche Krisen schon früher aufgetreten? Mit welchen Reaktionsmustern wurden sie damals bewältigt? Durch Nachgeben (Centaury)? Wie ging die Krise schließlich zu Ende? Blieben Sie als Opfer zurück (Willow)?

Damit steigen Sie automatisch tiefer in die Lebensgeschichte ein: Gibt es etwas, was Ihr Gegenüber seelisch oder körperlich noch nicht verkraftet hat und was in die jetzige Krise hineinspielt, z. B. Enttäuschung in der Liebe, Mißerfolg im Beruf o. ä.?

Oder kommt in nächster Zeit ein Ereignis auf ihn zu, vor dem er sich mehr fürchtet, als er sich bisher eingestanden hat, z. B. Berufswechsel, Scheidung, Operation, Umzug?

Kommen Sie immer wieder in die Gegenwart zurück, und stellen Sie fest, welche damaligen Reaktionsmuster in der heutigen Situation wieder zum Stolperstein geworden sind. Vielleicht stellt sich heraus, daß das damalige Problem die Gegenwart noch sehr stark belastet. Dann sollte Ihr Gesprächspartner psychotherapeutische Hilfe in Anspruch nehmen.

Prüfen Sie nun die in Frage kommenden Blütenmuster, indem Sie direkt nachfragen: »Ängstigt Sie das?« (Mimulus); »Macht Sie das wütend?« (Holly).

Sie können auch mehrere Fragen zu einem Thema stellen, um Reaktionsmuster stärker herauszuarbeiten:
»Wie fühlen Sie sich, wenn Sie in einem Team arbeiten müssen? Ängstlich?« (Mimulus). »Arbeiten Sie lieber für sich?« (Water Violet). »Die anderen sind Ihnen meistens zu langsam?« (Impatiens). »Versuchen Sie das Team unter Ihre Kontrolle zu bekommen?« (Vine). »Sind Sie am Ende immer der Dumme, an dem alles hängenbleibt?« (Centaury). »Benutzen Sie die Teampartner als willkommene Zuschauer für Ihre private Show?« (Heather).

Widerstehen Sie aber der Versuchung, für Ihren Gesprächspartner selbst die Lösung finden zu wollen.

Das ist nicht Ihre Aufgabe: »Heile dich selbst«. Geben Sie ihm Hilfe zur Selbsthilfe, und lassen Sie ihn seine eigene Lösung finden oder seinen Irrtum erkennen.

Nun haben Sie sicher eine Reihe von Bach-Blüten gefunden. Wenn noch nötig, wäre jetzt der richtige Zeitpunkt, abrundend zusätzliche nonverbale Diagnosemethoden einzusetzen, z. B. eine rasche Spontanwahl. Dadurch können Sie vielleicht noch auf einen Aspekt kommen, den Sie bisher übersehen haben.

Aber auch ein neu aufgetauchtes Blütenkonzept muß genau besprochen werden. Ist es z. B. White Chestnut, so ist zu fragen: »Bereitet Ihnen diese Situation dauernd Kopfzerbrechen, so daß Sie nachts nicht mehr gut schlafen können, oder ist es nur ein kurzfristiges Reaktionsmuster, z. B. weil die Parkuhr abzulaufen droht?« Nur im ersten Fall sollte White Chestnut in die Blütenmischung aufgenommen werden.

Endauswahl der Bach-Blütenmischung

Klären Sie nun die in Frage kommenden Blütenkonzepte mit Ihrem Gesprächspartner unter dem Gesichtspunkt: Ist dieser Zustand in der jetzigen Krisensituation so akut, daß wir die Blüte in die Mischung aufnehmen möchten? Vergewissern Sie sich durch Nachlesen der Blütensymptome.

Wenn Sie sich zwischen zwei Blüten nicht klar entscheiden können, ziehen Sie die Blütenvergleiche in Kapitel 5 zu Rate.

Hüten Sie sich davor, Ihrem Partner gegen seinen Willen eine Blüte aufzudrängen, selbst wenn Sie sicher sind, daß die Blüte seinen Zustand genau trifft. Es ist seine Mischung und sein Prozeß. Notieren Sie sich diese Blüte aber für ein nächstes Gespräch.

Damit kommen Sie zum letzten, dem vielleicht wichtigsten Teil des Gesprächs.

Besprechung der positiven Prinzipien der Bach-Blütenmischung – Motivation und Aufforderung zum Handeln

Oft kann ein Gesprächspartner ein negatives Blütenkonzept nicht annehmen, weil Sie es nicht mit den richtigen Worten vermitteln konnten.[4] Sagt Ihr Gesprächspartner: »Ich wußte gar nicht, daß ich so schlecht bin«, dann ist das Gespräch ganz sicher in die falsche Richtung gegangen. Am Ende eines gutgeführten Gesprächs sollte ein positiver Aha-Effekt erkennbar sein, eine freudige Erwartung der Potentiale, die man sich nun mit Hilfe der Bach-Blüten zugänglich machen wird.

- Gehen Sie diese Blütenmischung nun noch einmal Blüte für Blüte durch und klären Sie, in welcher Beziehung jede einzelne Blüte die Krisenbewältigung unterstützen wird. Zu jeder Bach-Blüte sind in diesem Buch drei Kraftformeln genannt. Lassen Sie Ihren Gesprächspartner aus diesen eine persönliche Kraftformel zusammenstellen, die auf seine aktuelle Situation paßt, um die Wirkung der Mischung zu intensivieren.
- Fordern Sie den Gesprächspartner abschließend auf, sofort aktiv damit zu beginnen, mit den Impulsen der Blüten zu arbei-

[4] Erinnern Sie sich: Ein Zustand muß nicht immer so auftreten, wie er im Buch beschrieben wird, sondern kann durch die Kombination mit den anderen gleichzeitig auftretenden Zuständen ganz anders erlebt werden.

ten. Beispiel: »Beech, die Toleranz-Blüte, und Larch, die Blüte des Selbstvertrauens, wird dich darin unterstützen, deine beruflichen Leistungen und die deiner Kollegen weniger vergleichend und abwertend zu begutachten. Achte einmal darauf, wie du übermorgen reagierst, wenn dein Kollege dir den nächsten Kontrollbericht auf den Tisch legt. Vielleicht kannst du das Ergebnis dann schon mit mehr Gelassenheit und Objektivität kommentieren?«

Bitten Sie Ihren Gesprächspartner auch, für sich selbst und für eventuelle spätere Gespräche ein kleines Reaktionsprotokoll anzufertigen.

Die Nachbereitung des Bach-Blütengesprächs

Innerhalb der nächsten drei Wochen der Einnahme sollte eine Gelegenheit gegeben sein, miteinander zu sprechen. Es ist möglich, daß Mißverständnisse zurückgeblieben oder neue Fragen aufgetaucht sind. Jedenfalls sollten Sie nach zwei bis drei Wochen wieder zusammenkommen, um die Erfahrung mit dieser Mischung auszutauschen. Vielleicht hat die Mischung schon die gewünschte Wirkung gezeigt, und der Gesprächspartner war fähig, seine Krise selbst zu meistern. Freuen Sie sich gemeinsam darüber.

Vielleicht bittet er sie aber um weitere Hilfestellung. Besprechen Sie mit ihm die aufgetretenen Veränderungen. Welche Zustände sind nicht mehr vorhanden? Welche Blüten sind weiterhin angezeigt? Sind nun vielleicht Blüten aktuell, die sich im ersten Gespräch abzuzeichnen begannen? Welche negativen seelischen Zustände sind neu aufgetreten? Besprechen Sie wiederum gründlich, welche Modifikation der Mischung Sie nun aus welchen Gründen vorschlagen würden. Dies ist ein weiterer wertvoller Schritt in Richtung Hilfe zur Selbsthilfe.

Manchmal offenbart sich im zweiten oder dritten Gespräch, daß das Problem umfangreicher ist und tiefer liegt, als Sie beide anfangs vermutet hatten. Jetzt ist es Ihre Verantwortung, Ihren Gesprächspartner darin zu unterstützen, sich in psychotherapeutische Behandlung zu begeben.

Wann muß ich meinem Gesprächspartner umgehend professionelle Hilfe anraten?

- wenn im Laufe der Gespräche deutlich wird, daß im familiären Hintergrund des Gesprächspartners viele ungelöste Probleme und belastende Verstrickungen bestehen, die noch nie fachlich bearbeitet wurden
- wenn Suchterkrankungen oder psychiatrische Erkrankungen vorliegen, die zur Zeit nicht unter der Kontrolle entsprechender Fachbehandler stehen, z. B. Eßstörungen, Depressionen, Angst-Störungen, Zwangsstörungen, Alkoholkrankheit oder Drogenabhängigkeit
- wenn ein Gesprächspartner mit Selbstmord oder Gewalttätigkeit droht
- wenn ich mich subjektiv mit dem Problem »überfordert« fühle

Übersichten, Checklisten, Formulare

Auf den folgenden Seiten finden Sie in Listenform zusammengestellte Tips, Hinweise und Informationen, die Ihnen als Arbeitsmittel beim Bach-Blütengespräch immer wieder wertvolle Hilfe leisten können.

Der äußere Rahmen für ein Bach-Blütengespräch

Praktische Hinweise, Anregungen

In welcher Gesprächsatmosphäre fühlen Sie sich wohl:

- Raum aufgeräumt oder »kreatives Chaos«?
- Blumenschmuck? Kerze? Duftlampe?
- Beleuchtung hell oder gemütlich?
- Sitzmöglichkeiten: Tisch und Stuhl oder Sessel und Couch-Tisch?
- Ist die Raumtemperatur regulierbar?
- Getränke wie Kräutertee oder Mineralwasser anbieten?
- Darf geraucht werden?

Was Sie jedenfalls bereithalten sollten

- Papiertaschentücher
- Schreibzeug für beide Gesprächspartner
- Standardwerke zum Nachschlagen
- Rescue stock bottle
- Wasser, Glas
- Blütenset und vorbereitete Einnahmeflasche
- Hilfreiche Adressen von Ihnen bekannten Fachleuten wie Psychologen, Ärzten, Heilpraktikern oder Selbsthilfegruppen, Notarzt und Polizei.

Was sonst noch wichtig ist

- »Wie innen, so außen« – Sie können durch Ihr äußeres Erscheinungsbild, Ihre Kleidung und Frisur Ruhe und Klarheit vermitteln.
- Sorgen Sie dafür, daß Sie in der nächsten Stunde nicht gestört werden, z. B. durch Türklingel, Telefon, Familienmitglieder, Haustiere.
- Stellen Sie bewußt ein Objekt oder ein Bild in Ihrem Blickfeld auf, das für Sie die Verbindung zu Ihrem Höheren Selbst symbolisiert. Es hilft Ihnen während des Gesprächs immer wieder, auf die richtige Bewußtseinsebene zurückzufinden.

Der erste Eindruck

Wenn ein Mensch den Raum betritt, vermittelt er oft einen ersten Eindruck, der Botschaften für die intuitive Blütenwahl enthält.

Bitte beachten Sie: Diese Blütenangaben sind Assoziationshilfen, keine Rezeptbausteine, und müssen im Gespräch überprüft werden.

Wie wirkt mein Gesprächspartner auf mich? Wie erlebe ich ihn?

- *schüchtern, empfindlich, sensibel:* Mimulus, Aspen, Centaury, Crab Apple
- *verhalten, gedämpft:* Honeysuckle, Gorse, Wild Rose
- *unkonzentriert:* Clematis, Chestnut Bud
- *schwer faßbar:* Centaury, Clematis, Cherry Plum, Agrimony
- *nicht ansprechbar, abwesend:* Star of Bethlehem, Mustard, Cherry Plum, Clematis
- *apathisch, teilnahmslos, initiativelos:* Star of Bethlehem, Mustard, Wild Rose, Olive
- *schwach:* Wild Rose, Centaury, Olive
- *mutlos, resigniert:* Elm, Gentian, Mustard, Gorse, Wild Rose
- *deprimiert:* Gentian, Mustard, Gorse
- *verkrampft:* Vine, Rock Water, Agrimony, Impatiens, Vervain, Star of Bethlehem
- *gehemmt:* Water Violet, Larch, Cherry Plum, Star of Bethlehem, Mimulus
- *gestreßt, nervös:* Rock Rose, Agrimony, Impatiens, Scleranthus, Crab Apple, Cherry Plum
- *ungeduldig, hektisch,* Impatiens, Vervain, Chestnut Bud
- *aggressiv, gereizt:* Holly, Impatiens, Vine
- *überfordert:* Elm, Olive, Centaury, Star of Bethlehem
- *unter Druck stehend:* Cherry Plum, Impatiens, White Chestnut
- *selbstbezogen:* Heather, Rock Water, Water Violet
- *als starke Persönlichkeit:* Chicory, Holly, Vine
- *stolz, arrogant:* Water Violet, Vine
- *fordernd, zielstrebig:* Vine, Vervain, Chicory
- *aufdringlich:* Vervain, Heather
- *starr:* Rock Water, Star of Bethlehem

Was beim Bach-Blütengespräch zu beachten ist

Wichtigste Voraussetzung: uneingeschränkt positive Akzeptanz des Gesprächspartners bei gleichzeitig objektiver Beobachtung der aktuellen negativen Verhaltensmuster.

Gesprächsklima: konstruktiv und motivierend.

Wichtige Kommunikationsregeln:

- Augenkontakt suchen, jedoch nicht permanent
- dem Gesprächspartner genügend Zeit lassen, Gesprächspausen zulassen
- den Gesprächspartner durch Nicken oder aufmunterndes Lächeln bestätigen und zum Weitersprechen anregen
- mit offenen Fragen arbeiten, wenn man mehr erfahren möchte (»Du sagst, du bist genervt – kannst du mir das genauer erklären?«)
- mit Ja/Nein-Fragen arbeiten, wenn man eine eindeutige Information benötigt (»Nimmst du Schlaftabletten?«)
- auch das hören, was nicht mit Worten gesagt wird, z. B. Seufzen, Atem anhalten, plötzliche Veränderungen der Stimme
- auf Widersprüche zwischen den Worten und der Körpersprache Ihres Gegenübers achten (wenn er z. B. sagt: »Ich bin offen für die Wünsche meiner Schwiegermutter«, sitzt aber mit zurückgelehntem Oberkörper und vor der Brust verschränkten Armen da)
- darauf achten, welche Formulierungen und Bilder Ihr Gesprächspartner mehrfach wiederholt
- wichtige Aussagen wörtlich wiederholen, damit der Gesprächspartner seine Worte mit Abstand hören kann
- von Zeit zu Zeit den Gesprächsinhalt in eigenen Worten zusammenfassen, damit der Gesprächspartner korrigieren oder vertiefen kann, falls Sie etwas nicht richtig verstanden haben
- Vorschläge und konstruktive Anregungen als Frage formulieren (»Könntest du dir vorstellen, wie es wäre, wenn du ...«)
- während des Gesprächs darauf achten, was das Erzählte in Ihnen selbst auslöst, und eigene Gefühlsreaktionen von denen des Gesprächspartners trennen

Häufig beobachtete Kommunikationsfehler

Der grundlegende Fehler im Bach-Blütengespräch besteht darin, daß man sich nur auf der Persönlichkeitsebene mit dem Problem des anderen auseinandersetzt, anstatt zu versuchen, sich über sein eigenes Höheres Selbst mit dem Höheren Selbst des Gesprächspartners zu verbinden.

Dies kann sich unter anderem in folgenden Verhaltensmustern äußern (Sollten Sie einige dieser Muster bei sich selbst beobachten, so könnte Ihnen möglicherweise eine Beschäftigung mit den genannten Blüten dabei helfen, sie zu überwinden):

- Man zieht aus Beobachtungen voreilige Schlüsse, ohne sich beim Gesprächspartner durch Nachfrage zu vergewissern: So müssen verschränkte Arme nicht Abwehr bedeuten, sie können auch auf Magenschmerzen hinweisen oder ausdrücken, daß der Gesprächspartner friert. (Chestnut Bud)
- Man läßt den anderen nicht ausreden, sondern unterbricht immer wieder mit Fragen, weil man ihm unbewußt das eigene Tempo aufzwingen will. (Impatiens)
- Oder im Gegenteil: Man traut sich nicht, den Redefluß des anderen zu unterbrechen (Centaury), das Gesprächsziel gerät aus dem Blickfeld.
- Weil man glaubt, bereits zu wissen, was der andere sagen will, ist man an weiteren Details nicht mehr interessiert und spiegelt das unbewußt in seiner Körpersprache, z. B. durch Gähnen, den Blick auf die Uhr oder Spielen mit dem Bleistift. (Chestnut Bud)
- Weil man die persönliche Auseinandersetzung mit dem Thema scheut, gibt man auf Fragen des Gesprächspartners keine aufrichtige Antwort, sondern weicht aus, z. B. durch intellektuelle Interpretation des Gesagten – »Das ist typisch für Männer deines Alters!« (Cerato) – oder durch Belehrung – »Das hättest du anders machen müssen.« (Beech)
- Man vermischt im Gespräch das Problem des Gesprächspartners mit eigenen ungelösten Problemen – »Ganz wie bei mei-

ner Scheidung« – und verläßt die Ebene des Beobachters. (Red Chestnut)

- Man äußert ungefragt Vermutungen: »Da steckt bestimmt eine Frau dahinter.« (Holly)
- Man gibt ungefragt Empfehlungen ab: »Diesen Mann müssen Sie schleunigst verlassen.« (Vine)
- Man be- und verurteilt innerlich: »Die hat ja einen ziemlichen Männerverschleiß.« (Beech)
- Man missioniert und suggeriert: »Glaube mir, ich weiß, wie sehr dir das hilft.« (Vervain)
- Man projiziert eigene Vorstellungen auf den Gesprächspartner: »Du hast in Deiner Jugend sicher auch zu wenig Liebe bekommen.« (Red Chestnut)
- Man will innerlich Recht behalten: »Und sie braucht **doch** Water Violet.« (Vine)
- Man hört nur scheinbar zu, weil man gedanklich vorauseilt (Chestnut Bud) oder abdriftet. (Clematis)
- Man hört »selektiv«, weil man eine bestimmte Spur verfolgt – »Das spricht für Walnut«–, und überhört Hinweise, die für andere Blüten sprechen. (Vine)
- Man konzentriert sich beim Zuhören zu sehr auf die Fakten des Problems und zu wenig auf den Menschen, und verliert dadurch den Kontakt zu den Gefühlen des Gesprächspartners. (Crab Apple, Vervain)
- Man will mit dem anderen »das Problem lösen«, »die ideale Mischung finden«, anstatt zu erkennen, daß ein schrittweiser Bewußtseinsprozeß ablaufen muß. (Vervain, Rock Water)

Habe ich an alles gedacht?

Checkliste zur Selbstüberprüfung vor Abschluß des Bach-Blütengesprächs

- Wurden die äußeren Rahmenbedingungen geklärt? (Zeitrahmen, Gegenleistung?)
- Wurde klargestellt, daß der Gesprächsinhalt vertraulich behandelt wird?
- Hat mein Gesprächspartner das Grundprinzip der Bach-Blütentherapie verstanden? Weiß er z. B., daß die Bach-Blüten nicht direkt zur Heilung körperlicher Krankheiten dienen?
- Habe ich meine Rolle als Gesprächspartner richtig dargestellt? Ist klar geworden, daß ich keine Diagnose stelle, sondern Hilfe zur Selbsthilfe gebe?
- Ist mein Gesprächspartner jetzt motiviert? Ist er bereit, Verantwortung für seine Entwicklung zu übernehmen?
- Welches sind seine nächsten Schritte?
- Hat mein Gesprächspartner jetzt noch Fragen?
- Haben wir ein Gesprächsprotokoll angelegt?
- Habe ich ihn gebeten, ein Reaktionsprotokoll zu führen?
- Ist er mit dem Informationsblatt vertraut?
- Haben wir einen Telefontermin vereinbart?

Bach-Blütengesprächs-Protokoll

Es hat sich bewährt, begleitend zu jedem Bach-Blütengespräch gemeinsam ein Arbeitsprotokoll anzufertigen. Für Sie ist es eine wertvolle Grundlage für Ihre weitere Arbeit mit den Bach-Blüten. Für Ihren Gesprächspartner ist es eine interessante Unterlage, die seine persönliche Entwicklung dokumentiert und ihm als Gundlage für eine vertiefende Auseinandersetzung mit den aktuellen Blütenprinzipien dienen kann.

Nachfolgend finden Sie ein Beispiel, das zeigt, wie man ein solches Protokoll führen könnte, und anschließend einen Entwurf für ein Formular. Von diesem sollte man zu jedem Gespräch zwei Exemplare bereithalten.

Bach-Blütengesprächs-Protokoll

Dieses ist das . Bach-Blütengespräch . . . . .Datum
Gesprächspartner: 1. 2.
Reaktion auf die vorherige Mischung: . . . .
. . . .
Ausgangssituation: . . . .
. . . .
. . . .
Mit welchem Ziel wurde die jetzige Bach-Blütenmischung erarbeitet? . . . .
. . . .
. . . .
Ggf. erkannte Bach-Blütenmuster laut Fragebogen: . . . .
. . . .
. . . .
Ggf. spontan gewählte Blüten: . . . .
. . . .
Im Gespräch verbindlich ausgewählte Blüten (mit Begründung): . . . .
. . . .
. . . .
. . . .
. . . .
. . . .
. . . .
. . . .
. . . .
Evtl. für später vorgemerkte Blüten: . . . .
Erarbeitete Kraftformel:. . . . .
. . . .
. . . .
Welche anderen Maßnahmen laufen parallel? (z.B. Einnahme bestimmter Medikamente, laufende Therapien oder Kuren) . .
. . . .
. . . .
Vereinbarter Telefontermin: . . . .
Unterschrift der Gesprächspartner:

Bach-Blütengesprächs-Protokoll – Beispiel

Dieses ist das 2. Bach-Blütengespräch *1. 5. 2000* (Datum)
Gesprächspartner: 1. *Melanie* 2. *Sabine*
Reaktion auf die vorherige Mischung: *(entfällt, da Erstgespräch)* . .
Ausgangssituation: *Melanie will ein Blumengeschäft eröffnen, traut sich aber nicht, da ihr Vater mit einem solchen Geschäft in Konkurs gegangen ist.* . . . .
Mit welchem Ziel wird die jetzige Bach-Blütenmischung erarbeitet? . . . .
Um zu erkennen: Entspricht es ihrem Lebensplan,, das Geschäft tatsächlich zu eröffnen? . . . .
Ggf. erkannte Bach-Blütenmuster laut Fragebogen: . . . .
Larch, Gentian, Pine, Honeysuckle . . . .

. . . .

Ggf. spontan gewählte Blüten: *Walnut* . . . .

. . . .

Im Gespräch verbindlich ausgewählte Blüten (mit Begründung):
Larch – weil sie es sich nicht zutraut . . . .
Gentian – weil sie zweifelt, ob es gut ausgeht . . . .
Honeysuckle – weil sie ihr eigenes Leben an der Vergangenheit ihres Vaters orientiert . . . .
Walnut – weil sie auf einen neuen Lebensabschnitt zugeht . . . .
Scleranthus – weil sie immer wieder zwischen Eröffnen und Nicht-Eröffnen hin- und herschwankt. . . . .

. . . .

Evtl. für später vorgemerkte Blüten: *Pine* . . . .
Erarbeitete Kraftformel: *Ich bin zuversichtlich* . . . .
. . . . *Ich entscheide mich* . . . .
. . . . *Ich gehe meinen Weg* . . . .
Welche anderen Maßnahmen laufen parallel? (z.B. Einnahme bestimmter Medikamente, laufende Therapien oder Kuren) . .
Hormoneinnahme wegen Schilddrüsenbeschwerden . . . .

. . . .

Vereinbarter Telefontermin: *17. 5. 2000* . . . .
Unterschrift der Gesprächspartner:

Melanie . . . . *.Sabine*

Reaktionsprotokoll

Die Einnahme einer gutgewählten Bach-Blütenmischung bringt, besonders am Anfang, viele interessante Reaktionen hervor, die man erfahrungsgemäß schnell wieder vergißt oder als normal hinnimmt und nicht mehr beachtet – neue Gedanken, andere Verhaltensweisen, interessante Träume, vermehrtes oder vermindertes Schlafbedürfnis, veränderte Eßgewohnheiten u. ä.

Das bewußte tägliche Beobachten und Niederschreiben dieser Veränderungen trainiert die Wahrnehmung (Heile dich selbst!) und festigt die Ergebnisse der Bach-Blütentherapie; es ist auch eine gute Vorbereitung auf das Gespräch für die nächste Bach-Blütenmischung.

Notieren Sie täglich zur gleichen Zeit – morgens oder abends – in ein bis zwei Sätzen, was Ihnen seit der Einnahme der Bach-Blütenmischung an Ihrem Verhalten aufgefallen ist. Schreiben Sie Träume so auf, daß die Dramaturgie und wichtige Details erkennbar sind, etwa: »Ich fuhr mit einem roten Auto über eine Brücke. Als ich auf der anderen Seite der Brücke ankam, war das Auto plötzlich nicht mehr rot, sondern blau ...« Wenn Ihnen der Zusammenhang mit einem Blütenkonzept aus Ihrer Mischung deutlich wird, vermerken Sie diesen besonders.

An Tagen, an denen Ihnen nichts aufgefallen ist, schreiben Sie einfach »Heute unverändert«.

Nach Abschluß der Einnahme ziehen Sie Bilanz: »Was hat sich insgesamt an meinem Verhalten verändert?«, »Was habe ich erkannt?« usw.

Die Länge und Zahl der Einträge wird fallweise stark schwanken. Daher empfiehlt es sich, sie in einem eigenen Heft vorzunehmen. Der Kopf sollte jedoch bei jeder neuen Mischung der gleiche sein.

Reaktions-Protokoll

Dieses ist meine *1.* Bach-Blütenmischung
Zusammensetzung: *Larch, Gentian, Honeysuckle, Walnut Scleranthus*
Mit welchem Ziel wurde diese Bach-Blütenmischung erarbeitet?
Ich wollte erkennen, ob es meinem Lebensplan entspricht, das Blumengeschäft wirklich zu eröffnen
Begleitende Kraftformel: *Ich bin zuversichtlich.*
Ich entscheide mich. Ich gehe meinen Weg.
Erste Einnahme am: *1. 5. 2000*

Beobachtungen vom *2. 5. 2000*
Wie ist meine Stimmung? *verunsichert, gespannt*

Spontane Gedanken/Erkenntnisse: *Keine*

Besondere Ereignisse: *Petra rief an, ihre Blumenhändlerin will sich zur Ruhe setzen.*
Sonstiges/Träume: *Habe von meinem Vater geträumt und mich von ihm verabschiedet.*

Beobachtungen vom *3. 5. 2000*
Wie ist meine Stimmung? *ruhiger, immer noch gespannt, optimistischer*
Spontane Gedanken/Erkenntnisse:
Ich bin nicht mein Vater.
Besondere Ereignisse: *Ich fange an, meinen Kleiderschrank nach Jahren wieder einmal zu entrümpeln.*
Sonstiges/Träume: *Thomas sagt, ich hätte einen anderen Gesichtsausdruck..*

(Es folgen weitere tägliche Aufzeichnungen.)

Abschließendes Resumé:

Was hat sich in mir verändert? Was habe ich erkannt?
Ich bin optimistischer und ruhiger geworden. Ein eigenes Geschäft wäre mir noch zu viel Verantwortung – aber ich möchte gern bei Petras Blumenhändlerin als Partnerin einsteigen.

Informationsblatt für den Gesprächspartner

Die Bach-Blütentherapie hat das Ziel, uns durch Wiederherstellung unseres seelischen Gleichgewichts wieder Anschluß an die eigenen seelischen und körperlichen Selbstheilungskräfte finden zu lassen. Die Bach-Blüten können zur Vorbeugung gegen körperliche Krankheiten und zur Unterstützung einer fachgerechten medizinischen oder psychologischen Behandlung dienen, diese aber nicht ersetzen.

Reaktionen

Sollten in den ersten drei Tagen nach Einnahme der Mischung vermehrt Träume auftreten oder Symptome früherer Erkrankungen kurzfristig wieder aufflackern, so ist dieses positiv zu werten. Es zeigt an, daß der seelische und körperliche Reinigungsprozeß in Gang gekommen ist.

Bei Unklarheiten sollten wir telefonieren und die Reaktionen besprechen.

Vergegenwärtigen Sie sich auch immer wieder die positiven Seelenqualitäten, die Sie durch Abbau der negativen Gefühlsblockaden erreichen können.

Zur Einnahme der Bach-Blütenmischung

Wenn nicht anders verordnet, beträgt die Standard-Einnahmemenge mindestens 4-mal täglich 4 Tropfen aus der Einnahmeflasche, z. B.

- morgens zuerst ca. 10 Minuten nach dem Zähneputzen oder vor dem Frühstück
- mittags um 12.00 Uhr auf leeren Magen
- nachmittags gegen 17.00 Uhr auf leeren Magen
- abends zuletzt ca. 10 Minuten nach dem Zähneputzen

Interessante Beobachtungen bitte täglich aufschreiben (siehe »Reaktionsprotokoll«).

Durch gleichzeitiges Memorieren der gewählten Kraftformeln können Sie die Wirkung der Mischung intensivieren bzw. festigen.

Nach Bedarf können Tropfenzahl und Einnahmehäufigkeit auch ohne Risiko erhöht werden. Zur Entfaltung der vollen Wirkung behält man die Tropfen vor dem Herunterschlucken einen Moment lang im Mund.

Zubereitung und Einnahme von Rescue aus dem Konzentrat-Fläschchen

Man gibt 4 Tropfen aus dem Original Konzentrat-Fläschchen in ein kleines Wasserglas mit Wasser und trinkt diese Mischung in kleinen Schlucken über einen Zeitraum von ca. 15 Minuten verteilt bzw. so lange, bis der gewünschte Effekt erreicht ist. Wenn nötig, ein zweites Glas zubereiten. In Situationen, in denen keine Flüssigkeit verfügbar ist, kann man Rescue auch direkt aus dem Konzentrat-Fläschchen auf Lippe, Schläfen, Handgelenke oder in die Ellenbeuge träufeln.

Nach Angaben des Herstellers können die Original Bach-Blüten-Konzentrate von Menschen jeden Alters unbedenklich eingenommen werden. Es besteht keine Gefahr der Überdosierung. Nebenwirkungen wurden auch bei unzutreffender Auswahl der Konzentrate in 60 Jahren nicht beobachtet. Aufgrund der bisher bekannt gewordenen Erfahrungen wird die Wirkung der Original Bach-Blüten-Konzentrate weder durch die gleichzeitige Einnahme von Arzneimitteln beeinflußt, noch beeinflussen diese die Wirkung von Arzneimitteln, auch nicht die von homöopathischen Mitteln in hochpotenzierten Form.

Kapitel 3

Der Doppelfragebogen mit Checkliste zur Einengung der Blütenauswahl

Anleitung zum Arbeiten mit dem Doppelfragebogen

Dieser Fragebogenkomplex kann unterschiedlich genutzt werden:

- zur Selbstbehandlung akuter seelischer Krisensituationen und Probleme,
- als Abfragebogen zur Hilfestellung im Gespräch mit anderen Menschen.

Die Fragebögen bauen aufeinander auf, vertiefen das Problembewußtsein und sollten in der vorgegebenen Reihenfolge benutzt werden.

Besonders die separate Nutzung der Checkliste wäre sinnlos, da die vorbereitende Problemwahrnehmung fehlen würde und wahrscheinlich eine oberflächlichere Blütenauswahl zustande käme.

Geben Sie die Antworten spontan, aus dem Bauch heraus. Markieren Sie auf allen Fragebögen nur das, was jetzt, in diesen Tagen, genau zutrifft (was grundsätzlich paßt, aber jetzt nicht genau zutrifft, nicht markieren!).

Definieren Sie zunächst in drei bis fünf Sätzen schriftlich das Problem (Konflikt/Streß/Frustration), das Sie mit Hilfe der Bach-Blüten bearbeiten wollen.

Füllen Sie jetzt den Situationsfragebogen aus: »Wie fühle ich mich in der aktuellen Problemsituation?«

Der Situationsfragebogen erfaßt die aktuellen Negativgefühle. Diese können entstanden sein als:

- Reaktion auf äußere Umstände, z. B. Schneechaos auf der Straße (Rock Rose),
- Reaktion auf eine aktuelle Krankheit, z. B. Ungeduld nach Skiunfall (Impatiens),
- Reaktion auf das Verhalten anderer, z. B. Wut nach Streit mit dem Partner (Holly).

Die hier ermittelten Blüten werden jetzt in der aktuellen Situation gebraucht, müssen aber nicht alle grundsätzlich zu Ihrer Charakterstruktur passen.

Diese Blüten können auch im Wasserglas eingenommen werden, wenn sich die Situation voraussichtlich schnell wieder ändern wird.

Bei Erstgesprächen kann es angebracht sein, nur mit dem Situationsfragebogen und den beiden Checklisten zu arbeiten.

Definieren Sie jetzt schriftlich: »Was will ich verändern, erreichen?«

Sehr wichtig ist es jetzt, das Ziel, die Veränderung realistisch festzulegen und sehr genau einzugrenzen. Wenn möglich, stellen Sie sich vor, wie Sie sich fühlen würden, wenn Sie das Ziel bereits erreicht hätten. Erst aus diesem Bewußtsein heraus kann der nächste Schritt erfolgen.

Füllen Sie nun erst den Charakterfragebogen aus: »Welche negativen Reaktionsmuster hindern mich eigentlich daran, diese Veränderungen in Angriff zu nehmen?«

Diese Frage führt Sie auf eine tiefere Bewußtseinsschicht. Sie stoßen auf schon im Charakter angelegte oder sehr früh im Leben erworbene individuelle Verhaltensmuster, mit denen Sie in ähnlichen Problemsituationen immer wieder reagieren.

Fast jede treffende Bach-Blütenmischung enthält sowohl Blüten, die aus dem Situationsfragebogen hervorgehen, als auch Blüten, die mit Hilfe des Charakterfragebogens ermittelt wurden.

Oft wird es vorkommen, daß man zu viele Blüten als zutreffend erkannt hat. Nur für diesen Fall sind die folgenden Schritte gedacht:

Bearbeiten Sie nun die Checkliste: »Was belastet oder quält mich jetzt am meisten?«

Beim Ausfüllen dieser Checkliste ist es wieder besonders wichtig, sich nur auf die aktuelle Situation zu konzentrieren und möglichst schnell und spontan zu antworten.

Auswertung

Wenn Sie die Ergebnisse in den Auswertungsbogen[5] eingetragen haben, lesen Sie die in Frage kommenden Blüten noch einmal in Ruhe nach, am besten auf den Seiten 62–238 des Standardwerks.

Die Entscheidung, welche Blüte Sie schließlich nehmen wollen, sollten Sie bewußt treffen.

Wenn Sie sich zwischen zwei Blüten nicht entscheiden können, ziehen Sie auch die Blütenvergleiche in Kapitel 5 zu Rate.

Die Mischung sollten Sie drei bis vier Wochen lang einnehmen, danach das Problem neu betrachten und die Mischung wie oben beschrieben modifizieren.

Beispiel

Problem

Ich muß eine Familienfeier (Wochenendreise) absagen, da ich mit beruflichen und häuslichen Arbeiten so überhäuft bin, daß ich die Zeit zum Aufarbeiten dringend brauche.
Das macht mir Probleme, weil mir das nicht zum ersten Mal passiert.

»Wie fühle ich mich in der aktuellen Problemsituation?«

Ich fühle mich jetzt

- wie ein erschöpfter Kämpfer — Oak
- in innerer Panik — RRose
- schuldbewußt — Pi

[5] Kopieren Sie sich den Auswertungsbogen (Seite 56) vorher, und legen Sie ihn neben das Buch.

»Was will ich erreichen, verändern?«

Die vorliegenden Arbeiten besser zu strukturieren und zu bewältigen, meinen Entschluß ohne Selbstvorwürfe den Verwandten mitzuteilen, würde mich innerlich ruhiger machen und sehr erleichtern.

»Welche negativen Reaktionsmuster hindern mich eigentlich daran?«

Mich hindert

- mein Übereifer und der Drang, alles perfekt machen zu müssen, Verv
- verbunden mit meiner inneren Unschlüssigkeit, ob die angepeilte Lösung jetzt die richtige ist WOat

Mich hindert

- auch mein übertriebenes Mitgefühl mit anderen Menschen: Ich weiß immer genau, wie sie sich fühlen, was mir solche Entscheidungen schwerer macht RedCh

»Was belastet oder quält mich jetzt am meisten?«

- die Selbstvorwürfe Pi
- die innere Panik RRose

In diesem (gekürzten) Beispiel bietet sich folgende Mischung an:

Als Sofortmaßnahme im Wasserglas: *Oak, Rock Rose, Pine, Red Chestnut.*

Nach dem Absagetelefongespräch als längerfristige Mischung: *Oak, Pine, Red Chestnut, Wild Oat, Vervain.*

Am Perfektionsstreben bezüglich der Arbeit und der mangelnden Abgrenzungsfähigkeit gegenüber Angehörigen muß sicher noch länger gearbeitet werden.

Situationsfragebogen

»Wie fühle ich mich in der aktuellen Problemsituation?«

(Zur Abfrage: »Wie fühlst du dich, wie fühlen Sie sich …?«)

Ich fühle mich jetzt schuldbewußt.
Ich mache mir Vorwürfe. Pi

Ich fühle mich jetzt verunsichert.
Ich zweifle an meiner eigenen Urteilsfähigkeit und richte mich nach der Meinung anderer. Cer

Ich fühle mich jetzt mißtrauisch, gefühlsmäßig verletzt, zornig, feindselig, eifersüchtig, rachsüchtig.* Hol

Ich fühle mich jetzt nicht besonders betroffen, denn gedanklich bin ich meistens ganz woanders. Clem

Ich fühle mich jetzt durch mangelnde Ordnung irritiert, reinigungsbedürftig, beschmutzt, angeekelt.* CrAp

Ich fühle mich jetzt im Stich gelassen, vom Schicksal ungerecht behandelt. Wil

Ich fühle mich jetzt herausgefordert, meinen Willen durchzusetzen. Vi

Ich fühle mich jetzt nicht standhaft genug.
Ich befürchte, mir selbst untreu zu werden.
Ich möchte mich endlich zur Tat durchringen.* Waln

Ich fühle mich jetzt schwermütig, traurig, depressiv, ohne zu wissen, warum. Must

Ich fühle mich jetzt minderwertig, unterlegen, unfähiger als andere, als Mensch zweiter Klasse.* La

Ich fühle mich jetzt wie ein erschöpfter Kämpfer auf einsamem Posten, der nicht aufgeben darf. Oak

Ich fühle mich jetzt ängstlich. Ich fürchte mich vor

………………………………………… .

(Bitte konkrete Person oder Ereignis einsetzen) Mim

* Es braucht jeweils nur ein Begriff zuzutreffen.

Ich fühle mich jetzt zu weich, zu gutmütig.
Ich kann nicht nein sagen. Cent

Ich fühle mich jetzt wehmütig.
Ich komme über die Vergangenheit (Beziehung oder Situation) einfach nicht hinweg. Hon

Ich fühle mich jetzt überwältigt von meinen vielen Verantwortungen.
Das kann ich nicht mehr schaffen! Elm

Ich fühle mich jetzt teilnahmslos.
Ich habe mich damit abgefunden. WRose

Ich fühle mich jetzt unschlüssig, zersplittert, innerlich unklar.*
Ist es wirklich das, was ich will? WOat

Ich fühle mich jetzt ungeduldig.
Alles geht mir zu langsam. Imp

Ich fühle mich jetzt seelisch bedürftig.
Ich brauche Zuwendung und Anteilnahme. Hea

Ich fühle mich jetzt wie ein Clown, der gute Miene zum bösen Spiel machen muß. Agr

Ich fühle mich jetzt reserviert, möchte mich zurückziehen, in Ruhe gelassen werden. WaVi

Ich fühle mich jetzt erstaunt, weil ich den gleichen Fehler immer wieder mache. ChBud

Ich fühle mich jetzt geplagt von unerwünschten Gedanken und inneren Dialogen, die ich nicht abstellen kann. WhiCh

Ich fühle mich jetzt in die Enge getrieben, verzweifelt, ich weiß nicht mehr weiter. SwCh

Ich fühle mich jetzt hundertfünfzigprozentig engagiert. Verv

Ich fühle mich jetzt noch völlig schockiert, habe diesen Schlag noch nicht verkraftet. StoB

---

* Es braucht jeweils nur ein Begriff zuzutreffen.

Ich fühle mich jetzt innerlich hin- und hergerissen, bin ziemlich aus der Balance. Scle

Ich fühle mich jetzt kraftlos, ausgelaugt, erschöpft. Ol

Ich fühle mich jetzt wie ein Spitzensportler, der eisern trainieren muß und sich nichts gönnt. RWat

Ich fühle mich jetzt ohne Hoffnung, resigniert. Gor

Ich fühle mich jetzt bedroht, mich überkommen Ängste, die ich nicht greifen kann. Asp

Ich fühle mich jetzt nicht genügend geschätzt oder geliebt, gekränkt, enttäuscht, weil ich mehr Anerkennung oder Dankbarkeit erwartet hatte!* Chi

Ich fühle mich jetzt so stark hineingezogen in die Lage des anderen, daß ich meine eigenen Gefühle und Ängste gar nicht wahrnehme. RedCh

Ich fühle mich jetzt entmutigt, skeptisch, pessimistisch.* Gent

Ich fühle mich jetzt wie auf einem Pulverfaß.
Ich kann mich kaum noch beherrschen. ChePl

Ich fühle mich jetzt genervt, überkritisch bzw. zu unkritisch, zu tolerant.* Bee

Ich fühle mich jetzt in Panik, kopflos, die Nerven flattern. RRose

Ich fühle mich jetzt innerlich schlaff, überfordert.
Ich habe nicht genügend Kraft und Initiative zur Bewältigung meiner Aufgabe. Hornb

Charakterfragebogen

»Welche persönlichen Muster hindern mich daran, die Veränderung in Angriff zu nehmen?«

(Zur Abfrage: »Welche persönlichen Muster hindern dich / Sie daran …?«)

Mich hindert meine Zaghaftigkeit und Ängstlichkeit:
Ich habe Angst, daß alles sehr viel Mühe und
Aufregung mit sich bringt. Mim

Mich hindert mein schwaches Selbstwertgefühl:
Ich traue es mir einfach nicht zu. La

Mich hindert mein überstarkes Harmoniebedürfnis:
Ich möchte keine unschönen Auseinandersetzungen
oder Problemdiskussionen. Agr

Mich hindert mein Kräftedefizit:
Ich bin völlig ausgelaugt, mir ist alles zuviel. Ol

Mich hindert mein übersteigertes »Gespür«:
Wenn ich daran denke, beschleicht mich ein ungutes
Gefühl. Asp

Mich hindert mein unerbittlicher Hang zur Kritik
oder Selbstkritik:
Vieles stört mich – aber ich kann nicht über meinen
Schatten springen. Bee

Mich hindert meine Willensschwäche:
Ich kann einfach nicht nein sagen. Cent

Mich hindert meine starke Vergangenheitsbezogenheit:
Ich kann einfach nicht vergessen, wie es früher war. Honeys

Mich hindert mein Mangel an innerer Spannkraft:
Wenn ich daran denke, steht alles wie ein riesiger
grauer Berg vor mir. Hornb

Mich hindert die Angst vor meinen eigenen Gefühlen:
Wenn ich loslasse, werde ich aus der Rolle fallen, mich
nicht mehr beherrschen können. ChePl

Mich hindert mein Mißtrauen, meine latente Eifersucht:
Ich werde schnell aggressiv. Hol

Mich hindert meine innere Unschlüssigkeit:
Ich weiß nicht, ob ich es wirklich will. WOat

Mich hindert mein ständig schlechtes Gewissen:
Ich weiß, ich werde mir wieder Vorwürfe machen. Pi

Mich hindert meine seelische Verletzlichkeit:
Einiges, was vorgefallen ist, habe ich überhaupt noch nicht verkraftet. StoB

Mich hindert meine ewige Unentschiedenheit:
Mal finde ich die eine Lösung gut, dann wieder die andere. Scle

Mich hindert mein übertriebenes Pflichtgefühl:
Ich bin es mir schuldig, bis zum Ende durchzuhalten. Oak

Mich hindert mein Drang, mein Übereifer:
Ich weiß, ich werde wieder übertreiben, alles hundertfünfzigprozentig machen und den anderen sogar auf die Nerven gehen. Verv

Mich hindert mein starkes Gerechtigkeitsgefühl:
Ich kann das nicht einfach tatenlos mit ansehen. Verv

Mich hindert meine innere Verunsicherung:
Immer wieder frage ich andere, um mich rückzuver sichern. Cer

Mich hindert mein Hang sofort in Panik zu geraten:
Wenn ich nur daran denke, merke ich, wie mein Kopf leer wird. RRose

Mich hindert meine eigene strenge Disziplinauffassung:
Ich bin zu hart zu mir, unterdrücke zuviel. RWat

Mich hindert mein überstarker Ehrgeiz:
Ich muß einfach immer meinen Willen durchsetzen. Vi

Mich hindert meine Übergenauigkeit, mein starkes Reinlichkeitsbedürfnis.
Auch die Kleinigkeiten müssen stimmen, sonst werde ich nervös. CrAp

Mich hindert mein Gefühl der Hoffnungslosigkeit:
Ich glaube, es hat keinen Zweck mehr. Gor

Mich hindert meine starke Selbstbezogenheit:
Für die Anliegen anderer habe ich einfach keine Antenne. Hea

Mich hindert mein Mangel an Interesse für die reale Situation, weil ich gedanklich mit ganz anderen Dingen beschäftigt bin. Clem

Mich hindert meine Ungeduld:
Ich kann es einfach nicht abwarten. Imp

Mich hindert mein überstarkes Mitgefühl:
Ich weiß genau, was die andere Seite fühlt, und kann mich nicht abgrenzen. RedCh

Mich hindert meine etwas schwermütige Veranlagung:
Sie lähmt mich zeitweise. Must

Mich hindert meine fast apathische Teilnahmslosigkeit:
Im Grunde ist es mir egal, ich habe mich eigentlich damit abgefunden. WRose

Mich hindert meine »Rückzugsneigung«:
Es fällt mir schwer, einfach mitzumachen oder aktiv auf andere zuzugehen. WaVi

Mich hindert das dauernde Gedankenkarussell:
Ich kann mich nicht mehr auf das Wichtige konzentrieren. WhiCh

Mich hindert meine Labilität:
Ich lasse mich in meinen Plänen immer wieder von dritter Seite verunsichern, anstatt mir selbst treu zu bleiben. Waln

Mich hindert meine Unaufmerksamkeit:
Ich mache immer wieder die gleichen Dinge falsch. ChBud

Mich hindert meine skeptische Grundhaltung:
Eigentlich erwarte ich gar nicht, daß etwas gut ausgeht. Gent

Mich hindert mein überstarkes Verantwortungsgefühl daran, die Notbremse zu ziehen, bevor ich fast zusammenbreche. Elm

Mich hindert meine intensive gefühlsmäßige Erwartungs haltung:
Ich mische mich ein und erwarte dafür Anerkennung. Chi

Mich hindert meine Neigung, die Dinge bis zum äußersten kommen zu lassen und schließlich keinen Ausweg mehr zu sehen. SwCh

Mich hindert meine Verbitterung:
Ich habe das Gefühl, völlig machtlos zu sein.
Ich sehe mich als Opfer der Umstände. Wil

Zusammenstellung einer persönlichen Kraftformel

Jeder Bach-Blüte ist eine Kraftformel zugeschrieben (s. Die Bach-Blüten von A-Z). Sie besteht aus 3 kurzen Sätzen. Zur Unterstützung des positiven Potenzials einer Blüten-Mischung wird empfohlen, sich eine persönliche Kraftformel für die Mischung zusammenzustellen.

Anleitung zur Zusammenstellung einer persönlichen Kraftformel

Beispiel
Blütenmischung: Olive, Vervain, Larch, Honeysuckle

Zur Auswahl stehende Sätze:

Olive	Ich bin in Ruhe. Ich bin gestärkt. Ich erhole mich.
Vervain	Ich lasse los. Ich gebe Raum. Ich erkenne das Maß.
Larch	Ich kann es. Ich will es. Ich tue es.
Honeysuckle	Ich lebe heute. Ich blicke nach vorn. Ich tue den nächsten Schritt.

Stellen Sie aus den obigen Sätzen eine neue dreistufige Kraftformel in beliebiger Reihenfolge zusammen. **Dabei muss nicht aus jeder Blüte ein Satz entnommen werden**, wichtig ist nur: Die Formel muss sich **jetzt** für Sie gut anfühlen.

Zum Beispiel:

Vervain	Ich lasse los.
Honeysuckle	Ich blicke nach vorn.
Olive	Ich erhole mich.

Es kann sein, dass in einigen Tagen das Bedürfnis entsteht, die Kraftformel anders zusammenzustellen.

Zum Beispiel:

Honeysuckle	Ich lebe heute.
Olive	Ich bin gestärkt.
Larch	Ich tue es.

Je nach innerer Entwicklungsdynamik kann die Kraftformel in den folgenden Tagen immer wieder modifiziert werden.

Auswertungsbogen

Kürzel	Bach-Blüte	Situations-fragebogen	Charakter-fragebogen	Endauswahl (nach Lektüre der Blütenbeschreibungen)
Agr	Agrimony			
Asp	Aspen			
Bee	Beech			
Cent	Centaury			
Cer	Cerato			
ChePl	Cherry Plum			
ChBud	Chestnut Bud			
Chi	Chicory			
Clem	Clematis			
CrAp	Crab Apple			
Elm	Elm			
Gent	Gentian			
Gor	Gorse			
Hea	Heather			
Hol	Holly			
Honeys	Honeysuckle			
Hornb	Hornbeam			
Imp	Impatiens			
La	Larch			
Mim	Mimulus			
Must	Mustard			
Oak	Oak			
Ol	Olive			
Pi	Pine			
RedCh	Red Chestnut			
RRose	Rock Rose			
RWat	Rock Water			
Scle	Scleranthus			
StoB	Star of Bethlehem			
SwCh	Sweet Chestnut			
Verv	Vervain			
Vi	Vine			
Waln	Walnut			
WaVi	Water Violet			
WhiCh	White Chestnut			
WOat	Wild Oat			
WRose	Wild Rose			
Wil	Willow			

Kapitel 4

Die Bach-Blüten von A bis Z in Kurzform

Die ausführliche Beschreibung der einzelnen Blüten mit ihren Schattierungen finden Sie in Scheffer, »Die Original Bach-Blütentherapie«, auf den Seiten 58 bis 242.

Unter ***Schlüsselsymptome*** ist das Muster so beschrieben, wie es in den letzten Jahrzehnten am häufigsten beobachtet wurde.

In der Rubrik ***Reaktionen im blockierten Zustand*** wurden häufig beobachtete Schattierungen zusammengetragen, wie sie Menschen auf unterschiedlichsten Bewußtseinsebenen erleben. Die Liste ließe sich jedoch ins Endlose fortsetzen, wollte man alle individuellen Ausprägungen erfassen und dabei noch Generationsunterschiede, lokale Mentalitäten und typische Zeitgeistströmungen berücksichtigen. Deshalb ist es so wichtig, sich bei der Blütenwahl nicht an Worte zu klammern, sondern einen direkten persönlichen Zugang zu den einzelnen Energie-Qualitäten zu finden.[6]

Unter ***Geistiger Irrtum/Was verkenne ich?*** wird beschrieben, welche Mißverständnisse kosmischer Gesetze oder welche Verwechslung der Ebenen hinter dem negativen Bach-Blütenzustand stehen.

Positives Potential heißt der wichtigste Teil des Bach-Blütenbildes. Er beschreibt das spezifische Seelenpotential, das nach Verwirklichung ruft, und die damit verbundenen positiven Eigenschaften.

Die ***Kraftformeln*** sollen die Heile-dich-selbst-Strategie der Bach-Blütentherapie unterstützen. Die Folge von kurzen Sätzen dient der Bekräftigung und Verstärkung des jeweiligen positiven Potentials, wenn sie bei der Einnahme der Tropfen in Erinnerung gerufen wird.

---

[6] Siehe auch: Mechthild Scheffer: »Schlüssel zur Seele. Das Arbeitsbuch zur Selbst-Diagnose mit den Bach-Blüten«, München ^{3}1997.

1. Agrimony – die Ehrlichkeitsblüte

Von der Scheinharmonie …

… zum inneren Frieden

Agrimony – Schlüsselsymptome

Man versucht, quälende Gedanken und innere Unruhe hinter einer Fassade von Fröhlichkeit und Sorglosigkeit zu verbergen.

Reaktionen im blockierten Zustand

- da man gern in Frieden lebt und eine harmonische Stimmung um sich haben möchte, gerät man durch Mißstimmungen und Streit in seelische Bedrängnis
- man möchte es möglichst allen recht machen
- man tut viel »um des lieben Friedens willen«
- man gibt nach, man gebraucht kleine Notlügen, man bringt fast jedes Opfer, um seinen Seelenfrieden aufrechtzuerhalten und Konfrontationen zu vermeiden
- eigene Sorgen und innere Ruhelosigkeit verbirgt man hinter einer Maske von Witz und Heiterkeit
- Motto: »no problem«, »immer nur lächeln«, »immer gut drauf«
- man bagatellisiert seine Probleme und spricht von selbst nicht darüber; man gesteht sie nicht einmal ein, wenn man darauf angesprochen wird
- um seinen nagenden, sorgenvollen Gedanken zu entfliehen, ist man immer auf Anregung und Abwechslung aus, z. B. Kino, Partys, Kurzreisen, »Action« in jeder Form
- weil man eine unangenehme Situation nicht wahrhaben möchte, setzt man eine rosarote Brille auf
- man ist der gute Freund, der »Friedensstifter«, der tolle Kumpel, der Stimmungsmacher auf jeder Party
- man greift zu Alkohol, Zigaretten, Tabletten, um Schwierigkeiten in guter Stimmung durchstehen zu können und um

quälende Gedanken zu besänftigen
- man muß immer in Bewegung sein, um nicht zum Nachdenken zu kommen
- als Kranker überspielt man seine Beschwerden; man unterhält mit seinen Witzen sogar noch das Pflegepersonal
- weil man in einer heilen Welt leben möchte, übersieht man geflissentlich eine Charakterschwäche des Partners
- aus unbewußter Angst, die schmerzliche Mitteilung eines anderen nicht ertragen zu können, blockt man im Gespräch ab und flüchtet sich in Sprüche wie: »Unkraut vergeht nicht« o. ä.
- geheimer Seelenschmerz bei Kindern, die normalerweise ihren Kummer schnell vergessen können

Sie brauchen die Blüte, wenn ein bis zwei Reaktionen in Ihrer jetzigen Situation ganz genau zutreffen.

Wo liegt der geistige Irrtum? Was verkenne ich?

Man versucht sein inneres Streben nach idealer Harmonie durch Verdrängung des unangenehmen Teils der äusseren Realität zwanghaft zu verwirklichen.

Positives Potential

- Ehrlichkeit, Offenheit, Konfrontationsfähigkeit
- man kann sich positiven und negativen Ereignissen stellen und wächst daran
- man ist von Herzen fröhlich
- man erlebt wahre Harmonie und inneren Frieden
- der ehrliche Optimist, der kluge Diplomat, der geschickte Friedensstifter

Kraftformel

»ICH FÜHLE FRIEDEN.
ICH BIN EHRLICH.
ICH ZEIGE MICH.«

2. Aspen – die Ahnungsblüte

Von dunkler Vorahnung …
… zu bewusster Sensibilität

Aspen – Schlüsselsymptome

Unerklärliche, vage Ängstlichkeiten; Vorahnungen; geheime Furcht vor irgendeinem drohenden Unheil.

Reaktionen im blockierten Zustand

- grundlos Gefühle von Angst und Gefahr
- plötzliche auftretende Angstzustände beim Alleinsein oder wenn man unter Menschen ist
- man hat »eine Haut zuwenig«
- man fühlt sich unbehaglich, wie »verhext«
- die Phantasie läuft Amok; man weiß nicht mehr, was ist Einbildung, was ist Realität
- angsterfüllt fasziniert von okkulten Phänomenen, abergläubisch
- Verfolgungsängste, Angst vor einer unsichtbaren Macht oder Kraft
- Alpträume; man wacht mit panischen Angstgefühlen auf und traut sich nicht, wieder einzuschlafen
- »Angst vor der Angst«, aber man traut sich mit niemandem darüber zu sprechen
- kollektive Ängste wie Angst vor körperlicher Gewalt, Überfällen, Vergewaltigung, Mißhandlung, Angst vor Schlangen, Geistwesen und ähnlichem
- man möchte sich besser abschotten können oder ein »dickeres Fell« haben
- Kinder wollen nicht allein bleiben oder im Dunkeln schlafen, aus Angst vor Monstern und Ungeheuern
- man kann »die Atmosphäre« an bestimmten Orten nicht ertragen

- liest man in der Zeitung von einer Grippewelle, hat man bald darauf die ersten Symptome

> Sie brauchen die Blüte, wenn ein bis zwei Reaktionen in Ihrer jetzigen Situation ganz genau zutreffen.

Wo liegt der geistige Irrtum? Was verkenne ich?

Da man sich unbewußt der größeren Einheit öffnet, aber noch nicht genügend Individualität und geistige Unterscheidungskraft entwickelt hat, übernimmt man unbewußt kollektive Angstgefühle, die nicht die eigenen sind.

Positives Potential

- große, bewußte Wahrnehmungsfähigkeit
- man kennt seine besondere Sensibilität und kann konstruktiv damit umgehen
- man geht furchtlos und vertrauensvoll voran
- man ist fähig, sich in subtilere Bewußtseinsebenen hineinzuversetzen und komplexe Zusammenhänge medial zu erfassen

Kraftformel

»ICH BIN BESCHÜTZT.
ICH BIN ZENTRIERT.
ICH BIN STARK.«

3. Beech – die Toleranzblüte

Vom Besserwissen …

… zum Besser Verstehen

Beech – Schlüsselsymptome

Kritiksucht; Vorurteile; Intoleranz; man verurteilt andere ohne Einfühlungsvermögen oder enthält sich jeder – auch angebrachter – Kritik.

Reaktionen im blockierten Zustand

- um nicht intolerant zu erscheinen, vermeidet man auch angebrachte, konstruktive Kritik und reagiert übertrieben verständnisvoll
- was auch passiert, man findet immer alles »okay«
- die Fehler anderer stechen einem sofort ins Auge
- man sieht und sagt immer zuerst, was nicht in Ordnung ist
- man kann kein Verständnis, keine Nachsicht für die »menschlichen Unzulänglichkeiten« aufbringen
- man sitzt innerlich über andere zu Gericht, sieht nur deren Fehler und verurteilt sie
- man ist auch sich selbst gegenüber viel zu kritisch
- die »Dummheit« anderer Menschen macht einem zu schaffen
- man reagiert kleinlich, ohne Fingerspitzengefühl
- man stößt sich an kleinen Gesten und Sprachgewohnheiten anderer Leute; das Ausmaß der Irritation steht in keinem Verhältnis zum Anlaß
- man hält beharrlich an Vorurteilen fest
- man reagiert empfindlich, wenn man selbst kritisiert wird, und versucht, eine echte Auseinandersetzung darüber zu verhindern
- man kann sich gefühlsmäßig nicht in andere Menschen hineinversetzen, da die eigenen Gefühle blockiert sind

- man sucht gewohnheitsmäßig die Schwachstellen einer Situation, kann aber nicht das Positive wahrnehmen, das auch daraus entstehen könnte
- man ist innerlich verknöchert
- man isoliert sich durch seine überkritische Haltung von seinen Mitmenschen

Sie brauchen die Blüte, wenn ein bis zwei Reaktionen in Ihrer jetzigen Situation ganz genau zutreffen.

Wo liegt der geistige Irrtum? Was verkenne ich?

In dem unbewußten Wunsch, an der Vervollkommnung der Schöpfung mitzuarbeiten, beurteilt und verurteilt man Umstände und andere Menschen nach persönlichen begrenzten Maßstäben.

Positives Potential

- geistiger Scharfblick; Unterscheidungskraft und Urteilsvermögen
- man kritisiert einfühlend und konstruktiv und kann auch selbst Kritik annehmen
- man kann anders geartete Persönlichkeiten mit ihren Stärken und Schwächen tolerieren
- man erkennt hinter Negativem die positiven Wachstumsmöglichkeiten

Kraftformel

»ICH NEHME AN.
ICH KOMME ENTGEGEN.
ICH SEHE DIE ENTWICKLUNGSCHANCE.«

4. Centaury – die Blüte des Dienens

Vom passiven Dienen …

… zum aktiven Dienen

Centaury – Schlüsselsymptome

Schwäche des eigenen Willens; Überreaktion auf die Wünsche anderer; man kann nicht nein sagen.

Reaktionen im blockierten Zustand

- man ist zu weich
- man kann sich schlecht durchsetzen oder behaupten, gibt schnell nach
- man tritt nicht für seine Interessen ein, sagt nicht, was man will
- man verhält sich passiv, angepaßt, handelt fremdbestimmt
- man reagiert willig, fügsam, gehorsam, anspruchslos
- man empfindet die Wünsche anderer stärker als die eigenen
- man spürt sofort, was andere von einem erwarten, und kann dann nicht umhin, es auch zu tun
- man läßt sich fehlleiten in dem Wunsch, anderen gefällig zu sein – im Extremfall bis zur Selbstverleugnung
- man läßt sich in Verhandlungen leicht über den Tisch ziehen
- man läßt sich bevormunden, verplanen, »überfahren«
- man hat wenig Selbstbehauptungsgefühl, läßt sich unbewußt von anderen diktieren, was man zu tun hat
- man läßt sich leicht zu etwas überreden, was man eigentlich gar nicht wollte
- die eigene Gutwilligkeit wird leicht ausgenutzt
- man tanzt nach der Pfeife einer anderen egoistischeren Persönlichkeit: eines Elternteils, Lebenspartners, Vorgesetzten
- man nimmt unbewußt Gesten, Formulierungen und Meinungen einer stärkeren Persönlichkeit an
- Kinder richten sich stark nach Lob und Tadel

- man läßt sich lieber noch etwas aufladen, weil es anstrengender wäre, es abzulehnen, als es zu tun
- man übernimmt sich leicht, gibt mehr, als man hat
- man läuft Gefahr, den eigenen Lebensauftrag zu versäumen

Sie brauchen die Blüte, wenn ein bis zwei Reaktionen in Ihrer jetzigen Situation ganz genau zutreffen.

Wo liegt der geistige Irrtum? Was verkenne ich?

In dem unbewußten Wunsch nach Dienst an der größeren Einheit verkennt man, daß man auf der Persönlichkeitsebene in erster Linie seinem eigenen Lebensplan und nicht den persönlichen Bedürfnissen anderer Menschen dienen muß.

Positives Potential

- man kennt seine eigenen Bedürfnisse und erfüllt seinen eigenen Lebensplan
- man weiß, wann und warum man ja sagt, kann aber auch an der richtigen Stelle nein sagen
- man kann sich gut in Gruppen oder Gemeinschaften integrieren, aber dabei immer seine Identität wahren
- man dient unaufdringlich und weise nach eigener innerer Zielsetzung

Kraftformel

»ICH STEHE GERADE.
ICH BIN, DER/DIE ICH BIN.
ICH WILL, WAS ICH WILL.«

5. Cerato – die Intuitionsblüte
Von Urteilsschwäche …
… zu innerer Gewissheit

Cerato – Schlüsselsymptome

Mangelndes Vertrauen in die eigene Intuition.

Reaktionen im blockierten Zustand

- Mißtrauen in die eigene Urteilsfähigkeit
- man fragt ständig andere um Rat, in der Hoffnung, daß sie einem die Entscheidung abnehmen
- man traut sich nicht, spontan zu handeln
- man redet viel, nervt andere durch Zwischenfragen
- man legt übertriebenen Wert auf die Meinung anderer
- übersteigerter Informationshunger
- man hortet Wissen, ohne es anzuwenden
- man will sich absichern, um nichts falsch zu machen
- man sucht die Bestätigung durch Autoritäten
- man handelt gegen die eigene Überzeugung, weil ein anderer dazu geraten hat
- eine eben gefällte Entscheidung zweifelt man schon im nächsten Moment wieder an
- man hat viele Berater und erwartet von jedem das Patent-Rezept
- andere sagen, man sei instinktlos, ohne gesunden Menschenverstand
- man wirkt auf andere unselbständig, einfältig, mitunter sogar dumm
- man neigt dazu, Entscheidungen anderer nachzuahmen
- Kinder streichen in Klassenarbeiten Richtiges wieder durch und ersetzen es durch Falsches

Sie brauchen die Blüte, wenn ein bis zwei Reaktionen in Ihrer jetzigen Situation ganz genau zutreffen.

Wo liegt der geistige Irrtum? Was verkenne ich?

In dem Bestreben, alles ganz richtig machen, mißtraut man seiner eigenen inneren Stimme und sucht irrtümlich Entscheidungssicherheit im Außen bei anderen Menschen.

Positives Potential

- man ist intuitiv, interessiert und wißbegierig
- man kann sich schnell eine eigene Meinung bilden
- man läßt sich von seiner inneren Stimme leiten, vertraut sich und steht zu seinen Entscheidungen

Kraftformel

»ICH TRAUE MIR.
ICH ACHTE MEINE ERSTEN EINFÄLLE.
ICH ENTSCHEIDE SELBST.«

6. Cherry Plum –
die Gelassenheitsblüte

Von der Überspannung …
… zur Entspannung

Cherry Plum – Schlüsselsymptome

Angst davor, innerlich loszulassen; Angst, verrückt zu werden; Angst vor seelischen Kurzschlußhandlungen; unbeherrschte Temperamentsausbrüche.

Reaktionen im blockierten Zustand

- man hat Angst, über seine Gefühle zu sprechen
- man kann sich kaum noch beherrschen
- man fühlt sich gefühlsmäßig »gestaut« oder blockiert
- man ist innerlich aufgewühlt und ringt um seine Selbstbeherrschung
- der innere Gefühlswirrwarr ist so stark, daß man nicht darüber sprechen kann
- man hat das Gefühl, auf einem Pulverfaß zu sitzen
- man befürchtet, kurz vor einem Nervenzusammenbruch zu stehen
- entgegen der normalen Veranlagung kommen gewalttätige Impulse in einem hoch; man fürchtet, etwas tun zu müssen, was man sonst nie tun würde
- es kommt zu plötzlichen, unkontrollierten Wutausbrüchen: Kinder werfen sich etwa zu Boden oder schlagen mit dem Kopf gegen die Wand; Erwachsene zerstören ein Elektrogerät, weil es den Dienst verweigert, werfen mit Gegenständen um sich u. ä.
- Eltern fürchten, daß ihnen die Hand ausrutscht; es droht Kindesmißhandlung
- Kinder fürchten sich davor, »naß zu machen«

- man hat Zwangsvorstellungen, Wahnideen, Angst vor »unkontrollierbaren geistigen Kräften« in seinem Inneren[7]
- man fürchtet, verrückt zu werden, durchzudrehen, in eine Nervenheilanstalt zu müssen[7]
- man spielt mit dem Gedanken, »Schluß zu machen«, um endlich erlöst zu sein[7]
- man leidet unter extremen inneren Spannungen und Verkrampfungen bis hin zu Zittern, zwanghaftem Hin- und Hergehen und Selbstbeobachtung[7]

Sie brauchen die Blüte, wenn ein bis zwei Reaktionen in Ihrer jetzigen Situation ganz genau zutreffen.

Wo liegt der geistige Irrtum? Was verkenne ich?

In dem Bestreben, mehr Bewußtsein zu entwickeln, glaubt man, es sei richtig, seine Gefühle vollkommen zu beherrschen, anstatt sie als Hinweise seiner inneren Führung zu achten und auszudrücken.

Positives Potential

- Mut, Kraft und Gelassenheit
- man kann seine Gefühle annehmen und angemessen ausdrücken
- man kann tief in sein Unterbewußtsein eintauchen und die dort gewonnenen Eindrücke als bewußte Erkenntnisse im Leben nutzen
- man hat Anschluß an ein starkes geistiges Kraftreservoir

Kraftformel

»ICH HABE MUT.
ICH ÖFFNE MICH.
ICH LASSE FLIESSEN, WAS FLIESSEN
MÖCHTE.«

[7] Menschen mit solchen Symptomen sollten sich unbedingt zu einem Facharzt begeben.

7. Chestnut Bud – die Lernblüte

Vom Leichtsinn …

… zur Erfahrung

Chestnut Bud – Schlüsselsymptome

Man macht immer wieder die gleichen Fehler, weil man seine Erfahrungen nicht wirklich verarbeitet und nicht genug daraus lernt.

Reaktionen im blockierten Zustand

- man gerät immer wieder in die gleichen Schwierigkeiten, hat mit den gleichen Menschen Streit, baut die gleichen Unfälle usw
- weil man in seinen Gedanken immer schon zwei Schritte weiter ist, reagiert man in der gegenwärtigen Situation oft unaufmerksam oder uninteressiert
- man stürzt sich lieber gleich in neue Aktivitäten, anstatt die letzte Erfahrung erst einmal in Ruhe auf sich wirken zu lassen
- man scheint im Leben nur sehr langsam etwas dazuzulernen, sei es aus Interesselosigkeit, innerer Hast oder Mangel an Beobachtung
- man holt aus seinen Erfahrungen nicht genug für sich heraus, verarbeitet Erlebnisse nicht tief genug
- man kommt gar nicht auf die Idee, auch aus den Erfahrungen anderer Menschen zu lernen
- man hört im Gespräch nicht mehr richtig zu, weil man innerlich schon die nächste Frage vorbereitet
- hat man ein Problem in seiner Vorstellung gelöst, so wird die Umsetzung uninteressant oder sie wird zu oberflächlich betrieben
- wenn eine Maschine, z. B. ein Faxgerät, nicht funktioniert, betätigt man nur immer wieder wahllos alle möglichen Knöpfe, anstatt sich die Gebrauchsanweisung durchzulesen

- man wirkt auf andere sorglos bis naiv
- man wirkt geistig schwerfällig, scheint kaum Fortschritte zu machen
- Lernstörungen, Lernblockaden, verzögerte Entwicklung
- regelmäßig und periodisch auftretende Krankheiten wie Migräneanfälle, Akneschübe oder Anfallsleiden können mit dieser Haltung einhergehen

Sie brauchen die Blüte, wenn ein bis zwei Reaktionen in Ihrer jetzigen Situation ganz genau zutreffen.

Wo liegt der geistige Irrtum? Was verkenne ich?

In dem unbewußten Wunsch, in seiner Entwicklung vorwärts zu kommen, verkennt man, daß ein Schritt, der auf der geistigen Ebene leicht und mühelos ist, auf der praktischen Persönlichkeits-Ebene gründlich erarbeitet werden muß.

Positives Potential

- man ist geistig gewandt, hat Spaß am Lernen
- man ist immer daran interessiert, etwas dazuzulernen, und nimmt sich auch die nötige Zeit und Ruhe dazu
- man beobachtet täglich seine eigenen Verhaltensmuster und Reaktionen
- man lernt auch aus der Beobachtung des Verhaltens anderer Menschen
- man erfaßt immer früher die Komplexität einer Situation und erkennt im voraus mögliche Irrtümer
- man holt aus den täglichen Erfahrungen das Optimale für seine Entwicklung heraus

Kraftformel

»ICH SEHE HIN.
ICH HÖRE HIN.
ICH LERNE.«

8. Chicory – die Beziehungsblüte

Von der fordernden Liebe …
… zur gelassenen Liebe

Chicory – Schlüsselsymptome

Besitzergreifende Gefühlsansprüche; Neigung, sich einzumischen und zu manipulieren; man fühlt sich zu wenig anerkannt und geliebt.

Reaktionen im blockierten Zustand

- gefühlsmäßig fordernde Haltung; man versucht, mit anderen sofort eine spezifische, enge Gefühlsbeziehung aufzubauen
- man wacht wie eine Glucke über die Bedürfnisse, Wünsche und Entwicklungen seiner Familie und seines Freundeskreises
- man ist immer für den anderen da, hat aber ständig etwas anzumerken, vorzuschlagen, richtigzustellen
- man ist überfürsorglich, agiert mit sanfter Kontrolle und bringt dadurch den anderen in eine hilflose oder abhängige Position
- man macht sich unentbehrlich
- man zwingt seine Wohltaten anderen auf
- man tut kaum etwas, ohne zu überlegen, was dabei für einen selbst »herausschaut«
- man erwartet Dankbarkeit, wenn man sich, auch ohne Auftrag, für die Interessen eines anderen einsetzt
- Liebe, die an Bedingungen geknüpft ist: »Ich liebe dich, wenn …«
- man versucht, die Erfüllung seiner Wünsche auf indirektem Weg zu erreichen
- man manipuliert, diplomatisiert, verhält sich taktisch geschickt, um seinen Willen durchzusetzen oder Einfluß zu behalten
- gefühlsmäßige Erpressungen
- man möchte überholte Beziehungsmuster und Rituale aufrecht

erhalten, z. B. wirft man dem Partner vor, daß er einem weniger oft seine Liebe beteuert als in den ersten Monaten der Beziehung; Mütter waschen ihren Söhnen auch noch Jahre nach deren Auszug die Wäsche

- man rechnet auf, kann schwer vergeben
- man hat im stillen Angst davor, Freunde, Beziehungen oder Besitz zu verlieren
- man fühlt sich leicht zurückgesetzt, übergangen oder beleidigt
- Selbstmitleid, wenn man nicht bekommt, was man erwartet hat
- man flüchtet sich in Krankheiten, um Anteilnahme zu erwecken oder Einfluß auszuüben
- man bricht in Tränen aus über die Undankbarkeit der anderen
- man spricht davon, was der andere »einem schuldig ist«

Sie brauchen die Blüte, wenn ein bis zwei Reaktionen in Ihrer jetzigen Situation ganz genau zutreffen.

Wo liegt der geistige Irrtum? Was verkenne ich?

In dem Wunsch, Liebe zu geben und Liebe zu empfangen, verkennt man, daß man Gefühle nicht berechnen oder erzwingen kann.

Positives Potential

- man gibt spontan, ohne Gegenleistungen zu erwarten
- man respektiert, daß jeder Mensch seinen eigenen Lebensplan erfüllen muß
- man handhabt seine eigenen Gefühlsansprüche mit der jeweils angemessenen Distanz
- man kennt seine persönlichen Bedürfnisse und erfüllt sie sich – nach Möglichkeit – selbst
- man schöpft aus dem vollen und kann sich mit großer Liebe und echter Hingabe um andere kümmern
- die Energie der »großen Mutter«

Kraftformel

»ICH GEBE GERN.
ICH SCHÖPFE AUS DER QUELLE.
ICH BIN GELIEBT.«

9. Clematis – die Realitätsblüte

Von der Realitätsflucht ...
... zur Realitätsgestaltung

Clematis – Schlüsselsymptome

Tagträumer; mit den Gedanken immer ganz woanders; zeigt wenig Aufmerksamkeit für das, was um ihn herum vorgeht.

Reaktionen im blockierten Zustand

- gedankenverloren, weggetreten, selten ganz da
- unaufmerksam, zerstreut, träumt mit offenen Augen
- man hat kein besonderes Interesse an der Gegenwart, lebt mehr in den Welten seiner Phantasie
- »Wanderer zwischen den Welten«, man fühlt sich in der Realität oft nicht zu Hause
- man muß ständig etwas suchen oder hat etwas verlegt
- man verliert im Straßenverkehr leicht die Orientierung
- das eigene Zimmer wirkt chaotisch, Ordnung halten fällt schwer
- man flüchtet bei Schwierigkeiten in unrealistische oder illusionäre Spekulationen
- typischer Blick: kommt aus der Ferne, geht in die Ferne, »Märchenaugen«
- man wirkt verträumt, verschlafen, leicht verwirrt
- man reagiert auf schlechte wie auf gute Nachrichten oft mit gleicher Indifferenz
- man hat kaum Aggressionen und Ängste, da man nicht voll in der Gegenwart ist
- man erscheint vitalitätsarm, oft auffallend blaß
- man hat häufig kalte Hände und Füße oder ein leeres Gefühl im Kopf
- schwebendes Gefühl, man fühlt sich manchmal benommen wie unter leichter Narkose
- man braucht viel Schlaf, döst gern, kann zu den unmöglichsten Zeiten einnicken

- man »tritt leicht weg«, Ohnmachtsneigung
- Todessehnsucht ohne Selbstmordgedanken
- Körpergefühl und Schmerzempfinden sind schwach, man stößt sich leicht
- schlechtes Gedächtnis; kein Sinn für Einzelheiten, da man sich aus Desinteresse nicht die Mühe macht, richtig hinzuhören
- Neigung zu Seh- und Hörstörungen, da Augen und Ohren mehr nach innen als nach außen gerichtet sind
- man zeigt im Krankheitsfall wenig Antrieb, schnell wieder gesund zu werden, da der Selbsterhaltungstrieb schwach ist
- man schwindelt häufig
- man kann zwischen Phantasie und Realität manchmal nicht genau unterscheiden, kultiviert Lebenslügen oder ist ein »Geschichtenerzähler«
- oft nicht ausgelebte kreative Begabungen

Sie brauchen die Blüte, wenn ein bis zwei Reaktionen in Ihrer jetzigen Situation ganz genau zutreffen.

Wo liegt der geistige Irrtum? Was verkenne ich?

Man hat Visionen einer idealen Welt und erwartet, diese auf der Realitätsebene vorzufinden. Wo dieses nicht möglich ist, verschließt man die Augen vor der Wirklichkeit und flüchtet in die Welt seiner Vorstellungen.

Positives Potential

- realistische Wahrnehmung, konkrete Lebensperspektive, man konzentriert sich auf das Machbare
- man kann träumen und seine Visionen in die Tat umsetzen
- ein schöpferischer Lebensstil macht den Alltag reich und interessant
- zielgerichtetes Umsetzen von Kreativität in die Realität
- besonders gute Wahrnehmung von Formen, Farben, Klängen und Düften

Kraftformel

»ICH BIN WACH.
ICH SEHE KLAR.
ICH GESTALTE.«

10. Crab Apple – die Reinigungsblüte

Vom Ordnungsdrang ... ... zur inneren Ordnung

Crab Apple – Schlüsselsymptome

Man fühlt sich innerlich oder äußerlich beschmutzt, unrein oder infiziert; übertriebener Ordnungssinn.

Reaktionen im blockierten Zustand

- Überbetonung des Reinheitsprinzips auf seelisch-geistiger und/oder körperlicher Ebene
- ausgeprägtes Gefühl für »seelische Hygiene«
- man verabscheut sich, weil man etwas getan hat, was nicht in Einklang mit den inneren Ordnungsregeln steht
- man meint, sich von unreinen Gedanken reinwaschen zu müssen
- man fühlt sich sündig, befleckt
- man hält sich zu sehr an Einzelheiten fest, läßt sich von Kleinigkeiten irritieren
- man bleibt im Detail stecken und verliert dabei das übergeordnete Ziel aus dem Auge
- es fällt einem sehr schwer, einmal »fünf gerade sein zu lassen«
- man kann nicht mit einer Arbeit beginnen, ehe man nicht alle Details um sich herum geordnet hat
- man ist sehr irritiert, wenn die äußeren Lebensumstände nicht überschaubar und geordnet sind
- musterhafte Hausfrau von pedantischer Genauigkeit
- alles muß immer »wie aus dem Ei gepellt« aussehen, die Umgebung wirkt etwas steril
- man verabscheut Unordnung in der Öffentlichkeit und im privaten Lebensbereich
- man hat Schwierigkeiten mit sinnlichen und körperlichen Lebensäußerungen: Stillen, Küssen usw.

- man ekelt sich vor sich selbst bei Hautausschlägen, Schweißfüßen, Pickeln, Warzen u. ä.
- man ist innerlich allergisch gegen Schmutz, Insekten, Bakterien u. ä.
- u.U. körperliches Ausscheidungsbedürfnis, wie Räuspern, Schwitzen, laufende Nase
- man verspürt ein starkes Reinigungsbedürfnis bis zum Waschzwang
- man fürchtet sich vor verdorbenen Speisen, unsauberen Toiletten, »giftigen« Medikamenten, Umweltverschmutzung usw.
- man möchte auch kleinere Krankheitserscheinungen sofort loswerden, weil man sie überbewertet, und ist bedrückt, wenn es nicht gleich klappt
- Eltern erziehen ihre Kinder zu übertriebener Reinlichkeit

Sie brauchen die Blüte, wenn ein bis zwei Reaktionen in Ihrer jetzigen Situation ganz genau zutreffen.

Wo liegt der geistige Irrtum? Was verkenne ich?

In der unbewußten Sehnsucht nach kosmischer Ordnung und Reinheit verwechselt man die Ebenen und versucht, sie im Außen herzustellen, anstatt sie im Inneren zu verwirklichen.

Positives Potential

- man weiß, daß Ordnung immer nur etwas Vorübergehendes sein kann
- man ordnet und pflegt innen wie außen
- man sieht ein Ereignis als vielschichtiges Geschehen und gibt den Details den richtigen Stellenwert
- man entwickelt einen Sinn für höhere Ordnung und größere Zusammenhänge

Kraftformel

»ICH FÜHLE MICH WOHL.
ICH NEHME MICH AN, WIE ICH BIN.
ICH SEHE, WAS WICHTIG IST.«

11. Elm – die Verantwortungsblüte

Von der Selbstwertkrise … … zur inneren Zuversicht

Elm – Schlüsselsymptome

Das vorübergehende Gefühl, seiner Aufgabe oder Verantwortung nicht gewachsen zu sein.

Reaktionen im blockierten Zustand

- man fühlt sich plötzlich von seinen Aufgaben überrollt
- auf einmal kann man nicht mehr weiter; eine kleine Zusatzaufgabe ist »der Tropfen, der das Faß zum Überlaufen bringt«
- man hat das Gefühl, die Verantwortung wächst einem über den Kopf
- man fühlt sich zu schlapp, um alles zu schaffen, was man schaffen muß und will
- verzagte Erschöpfungsphasen bei starken Charakteren, denen das sonst gute Selbstvertrauen vorübergehend abhanden gekommen ist
- vorübergehende Unzulänglichkeitsgefühle durch Erschöpfung
- man zweifelt vorübergehend an seinen Fähigkeiten und an seiner Eignung für eine bestimmte Aufgabe
- man weiß nicht mehr, wo man anfangen soll; man verzettelt sich, statt zu delegieren
- man hat sich in eine Situation hineinmanövriert, in der man unentbehrlich geworden ist, und glaubt, sich nun der Verantwortung nicht mehr entziehen zu können
- man traut sich nicht, grippekrank im Bett zu bleiben, weil man die Kollegen nicht hängenlassen will

Sie brauchen die Blüte, wenn ein bis zwei Reaktionen in Ihrer jetzigen Situation ganz genau zutreffen.

Wo liegt der geistige Irrtum? Was verkenne ich?

In dem Bestreben seiner Verantwortung voll gerecht zu werden, verlangt man Übermenschliches von sich. Dadurch verliert man das Gefühl für seine eigenen menschlichen Bedürfnisse.

Positives Potential

- fähig, verantwortungsbewußt, vertrauensvoll
- man kann abschätzen, wieviel man sich selbst auflädt und wo man delegieren kann
- man weiß, wenn man sein Bestes gegeben hat, kommt im richtigen Moment Hilfe
- man nimmt auch die Verantwortung wahr, die man für sich selbst hat

Kraftformel

»ICH TUE, WAS ICH KANN.
ICH BEKOMME HILFE.
ICH SCHAFFE ES.«

12. Gentian – die Glaubensblüte

Vom Zweifel …

… zum Vertrauen

Gentian – Schlüsselsymptome

Skeptisch; zweifelnd; pessimistisch; leicht entmutigt.

Reaktionen im blockierten Zustand

- selbst kleine Rückschläge »hauen einen um«, man sieht schwarz
- man ist bei unvorhergesehenen Schwierigkeiten leicht entmutigt und enttäuscht und denkt daran aufzugeben
- man ist wegen einer bestimmten Begebenheit niedergeschlagen und deprimiert
- man reagiert zunächst grundsätzlich skeptisch, um sich mögliche spätere Enttäuschungen zu ersparen
- man meldet in jeder neuen Situation erst einmal seine Zweifel an, man ist der Bedenkenträger
- man scheint seinen Pessimismus manchmal fast zu genießen
- Unsicherheit durch Mangel an Glauben und Vertrauen
- man braucht auch in kleinen Krisen sehr viel Zuspruch und Ermutigung
- auch wenn etwas nochmal gut ausgegangen ist, stellt man sich vor, was alles Schlimmes hätte passieren können
- man sieht nicht, daß die Ursache für so manches negative Ereignis in der eigenen Kleingläubigkeit liegt

Sie brauchen die Blüte, wenn ein bis zwei Reaktionen in Ihrer jetzigen Situation ganz genau zutreffen.

Wo liegt der geistige Irrtum? Was verkenne ich?

In dem kindlichen Streben nach Glauben und Vertrauen läßt man sich durch Widerstände im Auf und Ab des Lebens entmutigen, anstatt sie als Wachstumschancen für die Persönlichkeit zu erkennen.

Positives Potential

- man begreift Widerstände und Rückschläge als Testphasen und faßt immer wieder Mut zu einem neuen Anlauf
- unerschütterlicher Glaube, daß sich trotz schwieriger Umstände alles so fügt, wie es soll
- man weiß, daß es für alle Probleme eine Lösung gibt
- man kann andere Menschen aufbauen und ermutigen

Kraftformel

»ICH BIN ZUVERSICHTLICH.
ICH ERWARTE DAS POSITIVE.
ICH GLAUBE, DASS SICH ALLES FÜGT.«

13. Gorse – die Hoffnungsblüte

Vom Aufgeben …

… zum Angehen

Gorse – Schlüsselsymptome

Hoffnungslos, resignierend; das Gefühl: »Es hat doch keinen Zweck«.

Reaktionen im blockierten Zustand

- man kann sich eine positive Veränderung nicht mehr vorstellen
- man wagt nicht mehr, auf eine Änderung seiner Situation zu hoffen
- man ist resigniert, innerlich müde geworden
- man hat nicht mehr die Kraft, noch einen neuen Anlauf zu versuchen
- man sieht keine Möglichkeit mehr, gibt innerlich auf
- man hat sich mit seiner chronischen Krankheit abgefunden
- man läßt sich von Angehörigen gegen seine eigene Überzeugung zu weiteren Therapieversuchen überreden, resigniert aber bei kleinsten Rückschlägen
- tief innerlich stagniert die Auseinandersetzung mit dem eigenen Schicksal
- man hat als Kind schon eine schwere chronische Krankheit gehabt oder ist mit einem chronisch kranken Menschen, z. B. Herzkranken, Alkoholkranken oder seelisch Kranken, aufgewachsen

Sie brauchen die Blüte, wenn ein bis zwei Reaktionen in Ihrer jetzigen Situation ganz genau zutreffen.

Wo liegt der geistige Irrtum? Was verkenne ich?

In dem Bemühen, sich seinem Lebensplan zu fügen, findet man sich mit negativen äußeren Umständen passiv ab, anstatt zu erkennen: Solange Leben ist, ist Hoffnung.

Positives Potential

- man läßt die Hoffnung nie sinken, ist immer wieder hoffnungsvoll
- man kann sich vorstellen, daß es immer irgendwie positiv weitergeht
- man weiß, daß es nie zu spät ist, etwas in seinem Leben zu verändern
- man erkennt auch in einer schwierigen Lage konstruktive Entwicklungsmöglichkeiten
- man kann andere Menschen mit neuer Zuversicht erfüllen
- man ist für andere Menschen ein Hoffnungsträger

Kraftformel

»ICH BIN AUFRECHT.
ICH BIN HOFFNUNGSVOLL.
ICH SEHE NEUE MÖGLICHKEITEN.«

14. Heather – die Identitätsblüte

Vom bedürftigen Kleinkind ...
...zum verständnisvollen Erwachsenen

Heather – Schlüsselsymptome

Selbstbezogen; völlig mit sich beschäftigt; braucht ständig Ansprache; »das bedürftige Kleinkind«.

Reaktionen im blockierten Zustand

- die Gedanken kreisen fast nur um die eigenen Probleme; man nimmt sich sehr wichtig
- man fühlt den inneren Drang, mit jedem über sich zu sprechen
- man »braucht« seine Mitmenschen wie einen Spiegel
- man kann nicht allein sein, weil man sich irgendwie verloren fühlt
- man neigt dazu, gefühlsmäßig zu übertreiben, macht aus Mücken Elefanten
- es fällt einem schwer, anderen zuzuhören
- man ist völlig von seinen Gedanken und Gefühlen in Anspruch genommen, hat für anderes keine Antenne
- man gibt sich oft nach außen hin stärker, als man ist und ruft deshalb keine unmittelbare Anteilnahme hervor
- man reißt in Gesellschaft unwillkürlich das Gespräch an sich und lenkt es auf die eigene Person
- in der Absicht, eindringlich zu sein, kommt man beim Sprechen dem anderen immer näher, hält ihn am Ärmel fest, läßt ihn nicht entkommen
- man wurde als Kind emotional vernachlässigt, ist bis heute »seelisch unterernährt«
- man ist als Baby seelisch nicht angenommen worden und sucht diese Annahme und Selbstbestätigung unbewußt in seiner Umgebung
- Kinder fallen wieder in Kleinkindverhalten zurück

Sie brauchen die Blüte, wenn ein bis zwei Reaktionen in Ihrer jetzigen Situation ganz genau zutreffen.

Wo liegt der geistige Irrtum? Was verkenne ich?

In dem unbewußten Wunsch nach Entwicklung sieht man nur sich selbst und die Erfüllung seiner persönlichen Bedürfnisse, ohne die Bedürfnisse der anderen Menschen wahrzunehmen. Man verkennt, daß ein Gleichgewicht zwischen Nehmen und Geben herrschen muß.

Positives Potential

- man weiß, daß die innere Führung für einen sorgt
- man weiß, daß man alles bekommt, was für die eigene Entwicklung wichtig und richtig ist
- man kann sich anderen Menschen voll zuwenden
- der verständnisvolle Erwachsene mit viel Einfühlungsvermögen
- man schafft um sich eine Atmosphäre des Vertrauens und der Geborgenheit

Kraftformel

»ICH FÜHLE MICH GEBORGEN.
ICH BEKOMME ALLES, WAS ICH BRAUCHE.
ICH HEGE UND PFLEGE.«

15. Holly – die Herzöffnungsblüte

Von der Hartherzigkeit ...
... zur Großherzigkeit

Holly – Schlüsselsymptome

Ärger, Wut, Haß- und Neidgefühle, Eifersucht.

Reaktionen im blockierten Zustand

- man ärgert sich leicht, reagiert unfreundlich oder aggressiv
- man ist schlecht gelaunt, verärgert, irritiert, weiß aber nicht immer, warum
- man ist neidisch, sinnt auf Rache, ist schadenfroh
- man ist eifersüchtig und mißtrauisch
- das Herz ist verhärtet, die Gefühle sind vergiftet
- man reagiert cholerisch, hitzig, wütend und jähzornig
- man hält andere für lieblos oder fürchtet ihre Stimmungen
- man fürchtet, hintergangen zu werden
- man fühlt sich in seinen Gefühlen mißverstanden
- man wittert hinter vielen Äußerungen etwas Negatives
- man verdächtigt andere
- man fühlt sich häufig angegriffen oder verletzt
- man setzt andere innerlich herab, baut Feindbilder auf
- man reagiert auf gefühlsbetonte Mitteilungen anderer irritierend, lacht zum Beispiel, wenn man eine Todesnachricht hört
- das offensichtliche Glück anderer gibt einem innerlich einen Stich
- Wut, Ärger, Jähzorn, plötzliche heftige bis handgreifliche Anfälle von schlechter Laune bei Kindern

Sie brauchen die Blüte, wenn ein bis zwei Reaktionen in Ihrer jetzigen Situation ganz genau zutreffen.

Wo liegt der geistige Irrtum? Was verkenne ich?

In dem unbewußten Wunsch, göttliche Liebe zu erleben, verwechselt man die Ebenen. Man erwartet diese Liebe irrtümlich von seinen Mitmenschen und reagiert auf deren Gefühlsäußerungen irritiert und unangemessen.

Positives Potential

- man denkt mit dem Herzen
- man geht mit gutem Willen auf den anderen Menschen zu
- positives Gemeinschaftsgefühl, tiefes Verständnis für die menschliche Gefühlswelt
- man kann sich an den Leistungen und Erfolgen anderer von Herzen freuen
- man lebt in innerer Harmonie, strahlt Wohlwollen und Herzlichkeit aus

Kraftformel

»ICH BIN VOLLER FREUDE.
ICH BIN HEIL.
ICH LIEBE.«

16. Honeysuckle –
die Vergangenheitsblüte

Vom Damals …

… zum Jetzt

Honeysuckle – Schlüsselsymptome

Sehnsucht nach Vergangenem; Bedauern über Vergangenes; man lebt nicht in der Gegenwart.

Reaktionen im blockierten Zustand

- ein bestimmtes vergangenes (angenehmes oder auch unangenehmes) Ereignis ist noch so gegenwärtig, »als sei es gestern gewesen«
- man bezieht sich ständig auf Vergangenes, innerlich und in der Unterhaltung mit anderen
- man glorifiziert die Vergangenheit und möchte am liebsten wieder alles so wie früher haben – »wir wollen unseren alten Kaiser Wilhelm wiederhaben«
- man denkt mit Wehmut an vergangene schöne Zeiten zurück
- man kommt über den Verlust eines geliebten Menschen oder auch eines Haustieres oder Besitzes (z. B. Schmuckstück) nicht hinweg
- man will sich mit etwas nicht abfinden
- man hängt oft schönen Erinnerungen nach, z. B. an die erste Fahrt auf dem eigenen Motorrad
- Heimweh
- man bedauert eine verpaßte, unwiederbringliche private Chance oder eine ungenutzte berufliche Möglichkeit
- man macht keine Anstrengung, gegenwärtige Schwierigkeiten zu überwinden
- man hat wenig Interesse an aktuellen Problemen, weil man gedanklich in der Vergangenheit weilt

- man erwartet nichts mehr von der Zukunft
- unerfüllbare Sehnsucht, noch einmal von vorne anfangen zu können
- man kann »Erinnerungsstücke« noch nach Jahren nicht wegwerfen, z. B. alte Schuhe, unbrauchbare Urlaubsandenken etc.
- manchmal: besonders schwache Erinnerung an die eigene Kindheit
- das Bild eines vergangenen Ereignisses taucht immer wieder vor dem geistigen Auge auf, man könnte es malen
- man muß immer wieder an einen bestimmten Menschen denken
- andere ermüden in seiner Gegenwart

Sie brauchen die Blüte, wenn ein bis zwei Reaktionen in Ihrer jetzigen Situation ganz genau zutreffen.

Wo liegt der geistige Irrtum? Was verkenne ich?

In der unbewußten Sehnsucht nach zeitlosem Sein verwechselt man die Ebenen und versucht irrtümlich, vergangene persönliche Erfahrungen festzuhalten, anstatt zu erkennen, daß sich alles wandelt und das Leben immer weitergeht.

Positives Potential

- man weiß: »Das Leben findet heute statt«
- man hat aus vergangenen Erfahrungen gelernt und zieht heute Nutzen daraus
- man hat ein lebendiges Verhältnis zu seiner Vergangenheit und erkennt die Zusammenhänge mit gegenwärtigen Ereignissen
- man kann Wertvolles aus der Vergangenheit in die Gegenwart mitnehmen und zu neuem Leben erwecken

Kraftformel

»ICH LEBE HEUTE.
ICH BLICKE NACH VORN.
ICH TUE DEN NÄCHSTEN SCHRITT.«

17. Hornbeam – Die Spannkraftblüte

Von seelischer Schlaffheit … … zu geistiger Frische

Hornbeam – Schlüsselsymptome

Kopf-Müdigkeit; seelische Erschlaffung als vorübergehender oder länger andauernder Zustand.

Reaktionen im blockierten Zustand

- man hat das Gefühl, für die Bewältigung des Alltags nicht genügend Kraft zu haben
- man fühlt sich »kopflastig«, müde und erschlafft
- inneres Katergefühl, »Montagmorgengefühl«
- der Kopf brummt nach zu langem Fernsehen, zu vielem Lesen, zu vielem Lernen und anderen Reizungen der Sinne
- man erwartet, daß die vor einem liegende Arbeit sehr anstrengend wird
- man fühlt sich unmotiviert und geistig träge
- man zweifelt morgens im Bett daran, daß man die Tageslast bewältigen wird; war man erst einmal unter der Dusche, wird es besser
- schon beim Gedanken an eine bestimmte Tätigkeit überkommt einen lähmende Müdigkeit
- man hat keinen Schwung mehr, fühlt sich dauernd überfordert
- man muß sich zu jeder täglichen Pflichterfüllung aufraffen und überwinden
- nach längerem Krankenlager glaubt man, daß man noch nicht wieder genug Kraft hat, um arbeiten zu können, obwohl es objektiv nicht stimmt
- man glaubt, ohne Stimulantien wie Kaffee, Tee oder Stärkungsmittel nicht mit einer Arbeit anfangen zu können

- man wird munter, wenn man durch interessante Aufgaben aus seiner lähmenden Trägheit herausgeholt wird
- seelische Ermüdung durch jahrzehntelanges Verrichten ungeliebter Tätigkeiten
- man kommt morgens schwer aus dem Bett, steht müder auf, als man sich abends hingelegt hat
- möglicherweise Druck oder Brennen in oder um die Augen herum
- oft Bindegewebsschwäche als Ausdruck mangelnder seelischer Spannkraft

Sie brauchen die Blüte, wenn ein bis zwei Reaktionen in Ihrer jetzigen Situation ganz genau zutreffen.

Wo liegt der geistige Irrtum? Was verkenne ich?

In dem Streben nach Lebendigkeit und Kreativität versucht man irrtümlich, sich mit Hilfe von Stimulantien zu motivieren, anstatt den inneren Schwung aus den wechselnden Impulsen seiner inneren Führung zu gewinnen.

Positives Potential

- lebhafter Geist, Sinn für Ausgleich und Abwechslung
- man kann aus der Routine ausbrechen und unerwarteten Impulsen spontan nachgeben
- man weiß, daß man seine täglichen Aufgaben mit Schwung und ohne übermäßigen Kraftaufwand bewältigen kann
- man weiß, daß jeder Tag anders ist, und kann sich auf seine Arbeit freuen

Kraftformel

»ICH FÜHLE MICH FRISCH.
ICH HABE SCHWUNG.
ICH ARBEITE GERN.«

18. Impatiens – die Zeitblüte

Von der Ungeduld …

… zur Geduld

Impatiens – Schlüsselsymptome

Ungeduldig; leicht gereizt; überschießende Reaktionen.

Reaktionen im blockierten Zustand

- mentale Spannungen, innere Getriebenheit durch hohes inneres Tempo
- man ist ständig unter Zeitdruck
- man treibt andere grundlos zur Eile an
- alles soll schnell und reibungslos laufen
- man will immer alles sofort erledigen, kann schlecht abwarten, daß Dinge sich entwickeln
- man spricht, ißt, arbeitet schneller als andere
- Menschen, die langsamer sind, irritieren, frustrieren, »machen einen wahnsinnig«
- man ist ungeduldig und undiplomatisch mit langsameren Mitmenschen
- man nimmt anderen vor Ungeduld das Wort aus dem Mund
- man spricht seine Sätze nicht zu Ende
- man nimmt anderen vor Ungeduld Sachen aus der Hand
- man trifft hektisch Hals-über-Kopf-Entscheidungen
- man arbeitet am liebsten allein in seinem eigenen Tempo
- starkes Unabhängigkeitsbedürfnis
- man geht leicht hoch, reagiert dann schroff oder brüsk, aber der Zorn ist schnell wieder verraucht
- man schließt noch nicht ganz fertige Arbeiten ab, weil man sich nicht mehr Zeit dafür nehmen will
- wenn man im Restaurant nicht sofort bedient wird, reagiert man ungnädig

- wenn man krank ist, sollen die Symptome sofort wieder verschwinden
- Kinder, die nicht stillsitzen können, nervöse Bewegungen, Zappelphilipp
- weil das Kräftereservoir durch die hochtourigen Aktivitäten schnell verbraucht ist, sind kurzfristige Erschöpfungszustände und nervlich verursachte, plötzliche Spannungsschmerzen möglich

Sie brauchen die Blüte, wenn ein bis zwei Reaktionen in Ihrer jetzigen Situation ganz genau zutreffen.

Wo liegt der geistige Irrtum? Was verkenne ich?

In dem Bestreben, seinen Lebensplan zu erfüllen, glaubt man irrtümlich, keine Zeit verschwenden zu dürfen. Man verkennt, daß in der menschlichen Entwicklung nicht die Quantität, sondern die Qualität der Zeit zählt.

Positives Potential

- schnell in Auffassung, Denken und Handeln – innerlich unabhängig
- man kann gut Entwicklungen ankurbeln und Dinge ins Laufen bringen
- man kann sich besonders gut auf verschiedene Naturelle und Temperamente einschwingen
- man kann abwarten, wie Dinge sich in ihrem eigenen Tempo folgerichtig entwickeln
- Geduld, Zartgefühl, Sanftmut

Kraftformel

»ICH NEHME MIR ZEIT.
ICH HABE GEDULD.
ICH ENTSPANNE MICH.«

19. Larch – die Selbstvertrauensblüte

Von der Selbstbegrenzung ... ... zur Selbstentfaltung

Larch – Schlüsselsymptome

Erwartung von Fehlschlägen durch Mangel an Selbstvertrauen; Minderwertigkeitskomplexe.

Reaktionen im blockierten Zustand

- man fühlt sich anderen Menschen von vornherein unterlegen
- was man an anderen bewundert, traut man sich selbst nicht zu
- man vergleicht sich mit anderen, immer zum eigenen Nachteil
- man ist fest davon überzeugt, daß man etwas nicht schaffen kann, und versucht es deshalb gar nicht erst
- man stellt sich zurück
- wenn man eine Chance bekommt, verhält man sich passiv und zögernd
- man schiebt Krankheit vor, um eine Sache nicht in Angriff nehmen zu müssen
- falsche Bescheidenheit aus Mangel an Selbstvertrauen
- man fühlt sich zweitklassig, weniger wert aufgrund von Herkunft, Sprache, Hautfarbe, Behinderung
- Kinder fühlen sich in der Schule als Versager
- Selbstwertprobleme von Zweitgeborenen
- man hat nicht die berufliche Stellung, die man aufgrund seiner Fähigkeiten eigentlich haben müßte

Sie brauchen die Blüte, wenn ein bis zwei Reaktionen in Ihrer jetzigen Situation ganz genau zutreffen.

Wo liegt der geistige Irrtum? Was verkenne ich?

In dem Bestreben, seinen Lebensplan so gut wie möglich zu erfüllen, orientiert man sich an Leistungsmaßstäben anderer Persönlichkeiten, anstatt sich an den Maßstäben des eigenen Lebensplanes zu orientieren.

Positives Potential

- man weiß, daß man grundsätzlich fähig ist, wichtige persönliche Anliegen zu verwirklichen
- man kennt und akzeptiert seine eigenen Stärken und Schwächen
- man entwickelt seine eigenen, individuellen Leistungsmaßstäbe
- man entfaltet und nutzt seine Begabungen
- man ergreift realistisch seine Chance
- man nimmt seinen angemessenen Platz in der Gemeinschaft ein

Kraftformel

»ICH KANN ES.
ICH WILL ES.
ICH TUE ES.«

20. Mimulus – die Tapferkeitsblüte

Von der Angst vor der Welt ...
... zum Vertrauen in die Welt

Mimulus – Schlüsselsymptome

Furchtsamkeit; Scheu; spezifische Ängste, die man benennen kann; »Angst vor der Welt«.

Reaktionen im blockierten Zustand

- schüchtern, zaghaft, vorsichtig
- körperlich empfindlich, Empfindungsnaturell
- man ängstigt sich vor einer Situation, behält seine Befürchtungen jedoch für sich
- man stellt sich alles schwieriger oder gefährlicher vor, als es ist
- es gibt immer etwas, vor dem man gerade Angst hat
- konkrete Ängste und »Phobien« z. B.: Angst vor kalten Füßen, dunklen Hausfluren, bestimmten Krankheiten und Schmerzen, schmerzhaftem Sterben, Geldverlust, Unfällen, Menschenmengen, Angst davor, Angehörige zu verlieren, Angst vor Pferden, Mäusen, Hunden und anderen Tieren, Angst vor dem Telefonieren, vor neuen Situationen, Angst davor, ins Krankenhaus zu kommen, Platzangst, Schwellenangst, Lampenfieber
- Überempfindlichkeiten aller Art, z. B. gegen Kälte, Lärm, grelles Licht, lautes Sprechen, starke Gerüche, Widerspruch
- man möchte in Ruhe gelassen, nicht angesprochen werden
- man ist aus Ängstlichkeit innerlich angespannt
- man leidet zeitweise unter Sprachschwierigkeiten, Stottern oder nervösem Lachen, man redet aus Nervosität besonders viel
- man schiebt aus Ängstlichkeit unbewußt die Dinge vor sich her
- man schreckt vor Neuem zurück, braucht immer eine Anlaufzeit
- man hofft, daß sich bestimmte Dinge von selbst erledigen
- man hat Angst davor, allein zu sein, ist aber trotzdem in Gesellschaft schüchtern und nervös

- man wird leicht rot, bekommt feuchte Hände
- man wird sehr ängstlich, wenn man auf Widerstand stößt oder etwas nicht gleich klappt
- man ist übervorsichtig während der Genesung; man traut sich z. B. nicht, sein gebrochenes und nun geheiltes Bein wieder zu bewegen
- man wird leicht krank, wenn Dinge, vor denen man Angst hat, bevorstehen
- Babys weinen morgens beim Aufwachen ohne erkennbare Ursache
- Kinder fremdeln oder klammern sich ängstlich an die Mutter
- Kinder wollen keine Märchen hören, in denen Gewalt vorkommt

> Sie brauchen die Blüte, wenn ein bis zwei Reaktionen in Ihrer jetzigen Situation ganz genau zutreffen.

Wo liegt der geistige Irrtum? Was verkenne ich?

In dem unbewußten Wunsch, vertrauensvoll auf die Welt zuzugehen, vergißt man seinen göttlichen Ursprung, überbewertet Ereignisse und Hindernisse in der materiellen Welt und reagiert übertrieben zögernd und ängstlich.

Positives Potential

- man ist seinen Ängsten entwachsen, kennt seine Grenzen und kann mit heiterer Gelassenheit die Dinge auf sich zukommen lassen
- man fühlt sich dem Leben gewachsen und kann Dinge mutig angehen
- feiner, sensibler Zeitgenosse
- persönliche Tapferkeit und Verständnis für andere Menschen in ähnlichen Lebenslagen

Kraftformel

»ICH BIN TAPFER.
ICH WAGE ES.
ICH TRETE VOR.«

21. Mustard – die Lichtblüte

Vom Seelenschmerz …

… zur Seelengrösse

Mustard – Schlüsselsymptome

Perioden tiefer Melancholie kommen und gehen plötzlich ohne erkennbare Ursache.

Reaktionen im blockierten Zustand

- Antriebsschwäche, man hat zu nichts mehr Lust
- man weint leicht, muß oft Tränen vergießen
- man kann sich nicht mehr freuen
- man hat das Gefühl, die Zeit vergeht langsamer
- man nimmt Eindrücke nicht mehr auf
- man möchte sich nicht mehr bewegen
- eine Laus ist einem über die Leber gelaufen
- man fühlt sich urplötzlich niedergeschlagen und bedrückt
- tiefe Schwermut, Weltschmerz
- etwas Schweres, Schwarzes, Unbekanntes senkt sich herab; die Seele trauert
- Düsternis umhüllt aus heiterem Himmel die Persönlichkeit wie eine schwarze Wolke
- man fühlt sich vom normalen Leben ausgeschlossen, alle Lichter sind ausgegangen, inneres Totensonntagsgefühl
- man findet keinen logischen Zusammenhang zwischen diesem Zustand und seinem sonstigen Leben
- schwere Melancholie, in der die Gegenwart kaum zur Kenntnis genommen wird
- völlig introvertiert, in Trauer gefangen
- man kann diese Stimmung anderen gegenüber nicht überspielen
- man kann dieser Stimmung nicht mit Vernunftargumenten beikommen

- man ist diesem Gefühl ausgeliefert, so lange, bis es plötzlich von selbst verschwindet; dann ist man wie aus einer Gefangenschaft befreit
- man fürchtet diese Zustände, weil man sie nicht in den Griff bekommt

> Sie brauchen die Blüte, wenn ein bis zwei Reaktionen in Ihrer jetzigen Situation ganz genau zutreffen.

Wo liegt der geistige Irrtum? Was verkenne ich?

In der Sehnsucht, sich als Teil der großen Einheit zu erleben, nimmt man unbewußt kollektive Trauer und Stagnationsgefühle auf und erleidet sie. Würde man sie bewußter annehmen, würden sie einen weniger belasten.

Positives Potential

- man fühlt sich vom Strom des Lebens getragen
- man akzeptiert den Ablauf übergeordneter Gezeiten und weiß, daß die Freude immer wieder zurückkommt wie die Sonne aus den Wolken
- auch durch dunkle Tage geht man mit klarem Bewußtsein und innerer Zuversicht
- gefühlsreiche, tiefempfindende Menschen

Kraftformel

»ICH BIN LEICHT.
ICH BIN HEITER.
ICH GEHE INS LICHT.«

22. Oak – die Ausdauerblüte

Vom Pflichtkämpfer …
… zum friedvollen Krieger

Oak – Schlüsselsymptome

Der niedergeschlagene und erschöpfte Kämpfer, der trotzdem tapfer weitermacht und nie aufgibt.

Reaktionen im blockierten Zustand

- man ist unter allen Umständen pflichttreu und zuverlässig – egal, ob man daran zerbricht
- man neigt dazu, sich zu überarbeiten, ist dann innerlich niedergeschlagen und verzagt
- man rackert sich ab, klagt aber nie
- man zeigt eine fast übermenschliche Ausdauer und Geduld, hat aber wenig Verständnis für eigene Bedürfnisse
- man verlangt von sich, daß einmal begonnene Dinge unbedingt zum Abschluß gebracht werden müssen
- man ist unermüdlich und beharrlich in seinen Bemühungen, zwingt sich zum Durchhalten, auch wenn man eigentlich nicht mehr kann
- man kämpft tapfer gegen alle Schwierigkeiten, auch wenn die Lage hoffnungslos erscheint
- man arbeitet oft nur noch aus Pflichtgefühl
- man meint. »es sich schuldig zu sein«
- man trägt die Bürde der anderen mit
- man ignoriert seinen natürlichen Ruhe-Impuls
- man bemüht sich, seine Müdigkeit und Schwäche nicht nach außen sichtbar werden zu lassen
- man wird bewundert, weil man sich nicht unterkriegen läßt

Sie brauchen die Blüte, wenn ein bis zwei Reaktionen in Ihrer jetzigen Situation ganz genau zutreffen.

Wo liegt der geistige Irrtum? Was verkenne ich?

In dem Wunsch, seinen Lebensplan korrekt zu erfüllen, fühlt man sich verpflichtet, an einmal getroffenen Entscheidungen in jedem Falle festzuhalten. Man verkennt, daß auf der Persönlichkeitsebene Entscheidungen immer wieder überprüft und den Gegebenheiten neu angepaßt werden müssen.

Positives Potential

- man erfüllt seine Verpflichtungen im Rahmen der gegebenen Möglichkeiten
- man geht kreativ und souverän mit Belastungen um
- man leistet viel, kann aber auch sagen: »Jetzt ist es genug«
- man meistert sein Leben mit Freude, Kraft und Ausdauer

Kraftformel

»ICH LASSE LOCKER.
ICH SCHAFFE ES LEICHT.
ICH FÜHLE MICH FREI.«

23. Olive – die Regenerationsblüte

Von der Erschöpfung …

… zur Kraftquelle

Olive – Schlüsselsymptome

Man fühlt sich völlig erschöpft, extrem ermüdet an Körper und Geist.

Reaktionen im blockierten Zustand

- energetischer Offenbarungseid, »alles ist zuviel«
- das Gefühl der Erschöpfung nach lang anhaltender Überforderung oder langer körperlicher Krankheit
- man fühlt sich völlig ausgelaugt, total am Ende
- man will nur noch eins: Ruhe
- man kann nichts mehr unternehmen, hat zu nichts mehr Lust
- selbst zum Telefonieren oder zum Lesen eines lieben Briefes ist man zu müde
- tiefe innere Müdigkeit nach Zeiten starker innerer Kämpfe und Wandlungen, in denen viel psychische Energie verbraucht wurde
- man hat sich von einer Strapaze zwar körperlich erholt, aber seelisch noch nicht
- auf Phasen großer Leistungsfähigkeit folgen immer wieder Phasen extremer Erschöpfung, weil man sich zu sehr verausgabt

Sie brauchen die Blüte, wenn ein bis zwei Reaktionen in Ihrer jetzigen Situation ganz genau zutreffen.

Wo liegt der geistige Irrtum? Was verkenne ich?

In dem unbewußten Wunsch, sich seiner Lebensaufgabe voll hinzugeben, verkennt man, daß der materielle Körper seine eigenen Gesetze hat, die man beachten muß.

Positives Potential

- man geht mit den eigenen Energiereserven ökonomisch um
- man kann bei Bedarf große Kraft und Vitalität in sich aktivieren
- man pflegt die Verbindung mit Mutter Erde, schöpft aus den Kraftquellen der Natur
- man überläßt sich in Belastungsphasen vollkommen seiner inneren Führung und kann auch große Anstrengungen angemessen bewältigen

Kraftformel

»ICH BIN IN RUHE.
ICH BIN GESTÄRKT.
ICH ERHOLE MICH.«

24. Pine – Die Selbstakzeptanzblüte

Von der Selbstentwertung … … zum Selbstrespekt

Pine – Schlüsselsymptome

Übersteigerte oder unangebrachte Schuldgefühle, Selbstvorwürfe, Mutlosigkeit.

Reaktionen im blockierten Zustand

- man entschuldigt sich, wo man geht und steht
- man kann sich etwas nicht verzeihen, macht sich noch nach Jahren Vorwürfe
- man bekommt sehr leicht ein schlechtes Gewissen, das man lange nicht wieder los wird
- man fühlt sich für die Fehler anderer verantwortlich
- wenn es einem besser geht als anderen, hat man irgendwie ein schlechtes Gewissen
- man wirft sich auch bei Erfolgen noch innerlich vor, daß man diese oder jene Kleinigkeit nicht noch besser gemacht hat, und kann den Erfolg deshalb nicht so recht genießen
- man muß sich vor sich selbst und anderen rechtfertigen, wenn man sich etwas »gegönnt« hat
- man fühlt sich wertlos, minderwertig, als »Underdog«
- man entschuldigt sich dafür, daß man krank oder deprimiert oder erschöpft ist
- es fällt einem schwer, ein Geschenk anzunehmen, weil man unbewußt glaubt, es nicht verdient zu haben
- man fühlt sich schuldig, wenn man eine klärende Aussprache führen muß
- man gönnt sich wenig und steckt sofort zurück, wenn mehr Nachfrage als Angebot besteht

- man verurteilt sich, weil man nicht so viel Geld verdient wie andere Menschen
- man wirft sich vor, in einer Gesellschaft zu leben, die die Umwelt zerstört und andere Menschen ausbeutet
- man meint, daß man keine Liebe verdient hätte, verweigert sich innerlich die Existenzberechtigung: »Entschuldigen Sie, daß ich geboren bin«
- oft kindlich-ängstliche Grundhaltung, die unbewußt auf Tadel wartet
- masochistisch gefärbter Aufopferungsdrang, negativer Narzißmus
- angebrachte Schuldgefühle werden so übersteigert erlebt, daß man nicht mit ihnen umgehen kann

Sie brauchen die Blüte, wenn ein bis zwei Reaktionen in Ihrer jetzigen Situation ganz genau zutreffen.

Wo liegt der geistige Irrtum? Was verkenne ich?

In dem unbewußten Wunsch, sich als Teil des großen Ganzen liebevoll angenommen zu wissen, meint man irrtümlich, sich seine Existenzberechtigung verdienen zu müssen, und verkennt, daß man kraft seiner Geburt mit seinem Lebensplan ohnehin ein unverzichtbarer Bestandteil des großen Ganzen ist.

Positives Potential

- man weiß, daß jeder Mensch seine Existenzberechtigung hat
- man weiß, daß man es wert ist, geliebt zu werden, so wie jeder andere Mensch auch
- man akzeptiert sich selbst, so wie man ist, auch mit seinen menschlichen Schwächen
- man kann Geschenke annehmen und sich selbst für etwas loben
- man weiß, wofür man selbst verantwortlich ist und wo der Verantwortungsbereich anderer beginnt
- man ist in Gewissensfragen ein guter Gesprächspartner und Ratgeber

Kraftformel

»ICH DARF …
ICH VERZEIHE MIR.
ICH BIN BEFREIT.«

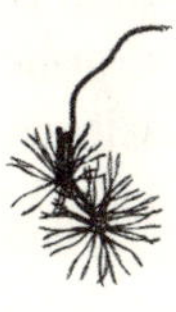

25. Red Chestnut – die Abnabelungsblüte

Von der Symbiose … … zur Eigenständigkeit

Red Chestnut – Schlüsselsymptome

Übertriebene Sorge und Angst um andere, zu starke innere Verbundenheit.

Reaktionen im blockierten Zustand

- überstarke innere Verbundenheit mit anderen Personen
- man ist überbesorgt um die Sicherheit von anderen (Kindern, Partner), hat dabei keine Angst um sich selbst
- man zerbricht sich den Kopf des anderen, läßt sich gefühlsmäßig zu stark in das Leben von anderen hineinziehen
- man erlebt das Leben eines anderen mit, als wäre es das eigene
- man kennt die Gefühle des anderen besser als seine eigenen Gefühle
- man glaubt, daß dem anderen etwas Schlimmes zugestoßen sein könnte, wenn er sich verspätet
- man hat sofort die Krankheitssymptome, von denen der andere am Telefon erzählt
- man hat Angst, daß sich hinter den harmlosen Beschwerden des anderen eine schlimme Krankheit verbergen könnte
- man hat sich von einem bestimmten Menschen nie richtig abnabeln können, »kommt nicht von ihm los«
- man ermahnt seine Kinder oder Enkel ständig zur Vorsicht
- man belastet andere mit den Sorgen, die man sich um ihr Wohlergehen macht
- Eltern vermummen ihr Baby im Kinderwagen wie einen kleinen Astronauten, so daß es sich kaum mehr rühren kann

Sie brauchen die Blüte, wenn ein bis zwei Reaktionen in Ihrer jetzigen Situation ganz genau zutreffen.

Wo liegt der geistige Irrtum? Was verkenne ich?

In dem unbewußten Wunsch nach Verschmelzung mit dem eigenen göttlichen Wesenskern verwechselt man die Ebenen und projiziert seine eigenen unbewußten Gefühle, vor allem Ängste, auf eine andere Persönlichkeit. Dadurch vermischen sich die Lebenspläne, und die Entwicklung beider Menschen wird behindert.

Positives Potential

- man findet stets die richtige Balance zwischen Mitgefühl und dem Respekt vor der Eigenständigkeit des anderen
- man hat die Fähigkeit, sich in andere Menschen hineinzuversetzen
- man nimmt die sorgenvollen Gedanken anderer zur Kenntnis, macht sie sich aber nicht zu eigen
- man kann in schwierigen Situationen auf andere Menschen positive Gedanken der Sicherheit, Gesundheit und des Mutes ausstrahlen

Kraftformel

»ICH BIN BEI MIR.
ICH BLEIBE BEI MIR.
ICH BIN ICH – DU BIST DU.«

26. Rock Rose – die Eskalationsblüte

Von der Panik …

… zum Heldenmut

Rock Rose – Schlüsselsymptome

Akute Angstzustände, innere Panik, »Nervenflattern«

Reaktionen im blockierten Zustand

- man neigt dazu, schnell in innere Panik zu geraten
- man kommt leicht »ins Schleudern«, hat nervlich nicht viel zuzusetzen
- plötzlich eskalierende Angstgefühle in körperlichen oder seelischen Ausnahmezuständen
- Terror, Horror, blankes Entsetzen, Panikattacken, das Nervensystem spielt verrückt
- man ist vor Angst wie von Sinnen: hört nichts mehr, sieht nichts mehr, sagt nichts mehr, das Herz bleibt fast stehen
- Angstzustände bei Unfällen, Naturkatastrophen, lebensgefährlichen Verletzungen
- Angst, die einem noch in den Knochen steckt, wenn man gerade nochmal davongekommen ist
- Kinder bekommen leicht Herzklopfen und feuchte Hände
- der Solarplexus schmerzt oder fühlt sich an wie ein Stein

Sie brauchen die Blüte, wenn ein bis zwei Reaktionen in Ihrer jetzigen Situation ganz genau zutreffen.

Wo liegt der geistige Irrtum? Was verkenne ich?

In dem Bestreben, kritische Situationen seines Lebensplanes zu meistern, versäumt man es irrtümlich, sich rechtzeitig in vollkommenem Vertrauen seiner inneren Führung zu überlassen.

Positives Potential

- man kennt seine nervliche Konstitution und hat sie im Griff
- in krisenhaften Situationen unterstellt man sich bewußt seiner inneren Führung
- man kann in Ausnahmezuständen und Krisensituationen über sich hinauswachsen und fast übermenschliche Kräfte mobilisieren
- man setzt sich für das Wohl von anderen ein, kämpft an vorderster Front
- Heldenmut

Kraftformel

»ICH KOMME DURCH.
ICH WEISS, ES GEHT GUT.
ICH ÜBERBLICKE DIE SITUATION.«

27. Rock Water – die Flexibilitätsblüte

Vom Disziplin-Dogma ...

... zur Achtsamkeit

Rock Water – Schlüsselsymptome

Strenge und starre Ansichten, unterdrückte Bedürfnisse, man ist zu hart zu sich selbst.

Reaktionen im blockierten Zustand

- starkes Perfektionsstreben
- man unterwirft sein Leben strengen Theorien und manchmal übertriebenen Idealvorstellungen
- man versagt sich vieles, weil man glaubt, daß es sich mit den eigenen Lebensprinzipien nicht vereinbaren läßt; dabei geht Lebensfreude verloren
- man tut alles, um in Höchstform zu kommen und zu bleiben; Selbstdisziplin wird großgeschrieben
- man hat sich höchste Maßstäbe gesetzt und zwingt sich fast bis zur Selbstaufgabe, danach zu leben
- man erkennt nicht, welchen Zwängen man sich täglich aussetzt
- man sagt häufig: »Das kann ich mir nicht leisten.«
- falsch verstandene Spiritualität: Man krallt sich an einem faßbaren Teilaspekt (Meditationstechnik, Diätvorschrift o. ä.) fest und macht diesen zu seiner »heiligen Kuh«
- man strebt zwanghaft nach geistiger Höherentwicklung, hält aber an bestimmten eigenen Verdrängungen hartnäckig fest
- man wird mit bestimmten Aufgaben nie fertig, weil man es immer noch besser machen möchte
- man belächelt verspielte, kindliche Menschen insgeheim
- man glaubt, daß »weltliche Gelüste« die geistige Entwicklung behindern, man will schon auf Erden ein Heiliger sein: Asketen, Fakire

- man geht sich in der Meditation selbst in die Falle, weil man zu stark »will«
- man unterdrückt wesentliche körperliche und emotionale Bedürfnisse, z. B. Bewegung, Sexualität, Essen und Trinken
- man macht sich Vorwürfe, wenn man seine strengen Disziplinen nicht durchhalten kann
- man hält besonders streng an einer einseitigen Ernährungslehre fest, z. B. extreme Vegetarier, Makrobioten, Alkoholgegner
- man übt Klavier, bis die Finger absterben, trainiert an der Ballettstange, bis die Zehen bluten, Motto: »Ein Indianer kennt keinen Schmerz.«
- besonders schmerzhafte Regelbeschwerden

Sie brauchen die Blüte, wenn ein bis zwei Reaktionen in Ihrer jetzigen Situation ganz genau zutreffen.

Wo liegt der geistige Irrtum? Was verkenne ich?

Im Streben nach Vollkommenheit verwechselt man Ursache und Wirkung und bekämpft irrtümlich die Impulse seiner inneren Führung. Man glaubt durch Manipulationen im Außen erzwingen zu können, was sich als Folge eines inneren Wachstumsprozesses von selbst einstellen würde.

Positives Potential

- man kann von seinen Theorien und Grundsätzen ablassen, wenn man mit einer neuen Erkenntnis oder tieferen Wahrheit konfrontiert wird
- man läßt auch sein inneres Kind zu seinem Recht kommen
- man respektiert seine körperlichen und seelischen Bedürfnisse und kann spüren, wann und welchen man nachgeben sollte
- man überläßt sich seiner inneren Führung und ist durch seine natürliche Disziplin ein Vorbild für andere.

Kraftformel

»ICH GÖNNE MIR …
ICH BIN BEWEGLICH.
ICH BIN SPONTAN.«

28. Scleranthus – die Balanceblüte

Von der inneren Zerrissenheit … … zum inneren Gleichgewicht

Scleranthus – Schlüsselsymptome

Unschlüssig, sprunghaft; innerlich unausgeglichen. Meinung und Stimmung wechseln von einem Moment zum anderen.

Reaktionen im blockierten Zustand

- man ist unentschlossen, innerlich ruhelos
- man ist gedanklich ständig zwischen zwei Möglichkeiten hin- und hergerissen, weil man beiden Seiten etwas abgewinnen kann
- Stimmungsschwankungen: Weinen und Lachen, himmelhochjauchzend – zu Tode betrübt
- man nimmt viele Impulse auf, hüpft gedanklich hin und her wie ein Grashüpfer
- wegen seiner wechselnden Entscheidungen wirkt man auf andere unzuverlässig und launenhaft
- Mangel an innerem Gleichmaß und innerer Balance, Nervenkrisen
- wenn man »Ja-oder-Nein-Fragen« beantworten muß, gerät man in Streß
- man ist unkonzentriert oder springt im Gespräch von Thema zu Thema
- wegen innerer Wankelmütigkeit ziehen sich Entscheidungen sehr lange hin, und man verpaßt privat und beruflich manche gute Gelegenheit
- man fragt bei einem inneren Konflikt andere nicht um Rat, sondern versucht selbst, zu einem Entschluß zu kommen
- oft zerfahrene und ruckartige Gesten

- körperliche Begleiterscheinungen der fehlenden energetischen Balance können u. a. sein: extremer Wechsel zwischen Aktivität und Apathie, körperliche Temperaturen steigen und fallen schnell, die Symptome wandern im ganzen Körper hin und her: Heute tut's hier weh, morgen woanders. Gleichgewichtsstörungen aller Art, Reisekrankheiten: Luft, Schiff, Auto, Wechsel zwischen extremem Heißhunger und Appetitlosigkeit, Wechsel zwischen Durchfall und Verstopfung, Schwangerschaftserbrechen und vieles mehr

Sie brauchen die Blüte, wenn ein bis zwei Reaktionen in Ihrer jetzigen Situation ganz genau zutreffen.

Wo liegt der geistige Irrtum? Was verkenne ich?

In der unbewußten Sehnsucht, das Entweder-Oder der polaren Welt zu überwinden, verkennt man, daß man seinen eigenen Lebensplan nur auf der Persönlichkeitsebene erfüllen kann, wo ständig Entscheidungen getroffen werden müssen.

Positives Potential

- Konzentrationskraft und Entschlossenheit
- durch guten Kontakt mit seinem Zentrum findet man seinen eigenen Rhythmus und hält seine innere Balance
- man trifft aus dem Moment heraus mit traumwandlerischer Sicherheit die richtigen Entscheidungen
- man ist vielseitig und flexibel, man kann immer mehr Möglichkeiten in sein Leben integrieren

Kraftformel

»ICH STEHE FEST.
ICH WEISS, WAS ICH WILL.
ICH ENTSCHEIDE MICH.«

29. Star of Bethlehem – die Trostblüte

Vom Schock …

… zur Reorientierung

Star of Bethlehem – Schlüsselsymptome

Nachwirkungen von körperlichen, seelischen oder geistigen Schocks, egal ob weit zurückliegend oder erst kürzlich geschehen; »der Seelentröster und Schmerzbesänftiger«.

Reaktionen im blockierten Zustand

- die Unverfrorenheit mancher Mitmenschen verschlägt einem die Sprache
- man kann keinen Trost annehmen
- mögliche körperliche Begleiterscheinungen: Gefühllosigkeit, taumelnder Gang, belegte Stimme, Wasserstauungen
- unangenehme Gefühlserlebnisse klingen sehr lange nach
- man ist durch ein unangenehmes Erlebnis schockiert und traurig
- eine Hiobsbotschaft wirft einen um
- man kommt über eine kränkende Auseinandersetzung nicht hinweg
- man hat einen wunden Punkt im Leben, an den man nicht erinnert werden möchte
- man ist nach einem Unfall, einer Operation o. ä. seelisch nicht mehr wie früher
- man reagiert langsam, wie betäubt
- man läßt die Dinge zu nah an sich herankommen und kann sie dann nicht verkraften
- man hat immer wieder den gleichen Alptraum
- man bekommt seelisch und körperlich schnell blaue Flecken

Sie brauchen die Blüte, wenn ein bis zwei Reaktionen in Ihrer jetzigen Situation ganz genau zutreffen.

Wo liegt der geistige Irrtum? Was verkenne ich?

In dem Bestreben, seine Persönlichkeit zu entwickeln, glaubt man irrtümlich, sich vor Gefühlsbelastungen in eine seelische Schonhaltung flüchten zu müssen, und verkennt, daß jedes unerwartete Ereignis auch die notwendige Energie in sich birgt, es zu bewältigen und daran zu wachsen.

Positives Potential

- man ist stark beeindruckbar und fein empfindend – große seelische Anpassungsfähigkeit
- man hat gelernt, mit Gefühlseindrücken richtig umzugehen, und kann sie für seine persönliche Entwicklung nutzen
- man kann andere Menschen trösten

Kraftformel

»ICH EMPFINDE.
ICH ATME.
ICH LEBE.«

30. Sweet Chestnut – die Erlösungsblüte

Durch die Nacht …

… zum Licht

Sweet Chestnut – Schlüsselsymptome

Tiefste Verzweiflung; man glaubt, die Grenze dessen, was ein Mensch ertragen kann, sei nun erreicht.

Reaktionen im blockierten Zustand

- man hat sich in eine extreme Situation hineinmanövriert, die man kaum ertragen kann
- man empfindet seine Lage als ausweglos und weiß nicht mehr weiter
- man weiß, daß man aus eigener Kraft nicht mehr weiter kommt
- man muß kapitulieren, will es aber noch nicht zugeben
- man sieht das Licht am Ende des Tunnels nicht mehr
- man hat das Gefühl, den äußersten Grad der Belastungsfähigkeit erreicht zu haben
- man faßt es nicht, daß ein Mensch soviel durchstehen muß, und glaubt, Gott habe einen vergessen
- tiefste Verzweiflung; man fühlt sich verloren, in hilfloser Leere und totaler Isolation
- tiefste Verzweiflung, extreme seelische Grenzsituation: »Die dunkle Nacht der Seele«

Sie brauchen die Blüte, wenn ein bis zwei Reaktionen in Ihrer jetzigen Situation ganz genau zutreffen.

Wo liegt der geistige Irrtum? Was verkenne ich?

In dem Bestreben, sein Leben ganz aus eigener Kraft zu meistern, verkennt man, daß es Situationen gibt, in denen man rechtzeitig das Steuer vollkommen an seine innere Führung abgeben muß.

Positives Potential

- man kann Krisen als Wandlungschancen begreifen und nutzen
- man kann extreme Situationen durchstehen, ohne »Schaden an seiner Seele zu nehmen«
- man weiß, daß es einen richtigen Zeitpunkt zum Handeln gibt und einen richtigen Zeitpunkt zum Geschehenlassen
- man kann im rechten Moment sagen: »Dein Wille geschehe«

Kraftformel

»ICH BLICKE AUF.
ICH WILLIGE EIN.
ICH LASSE GESCHEHEN.«

31. Vervain – die Begeisterungsblüte

Vom Weltverbesserer ...

... zum Fackelträger

Vervain – Schlüsselsymptome

Im Übereifer, sich für eine gute Sache einzusetzen, treibt man Raubbau mit seinen Kräften; reizbar bis fanatisch.

Reaktionen im blockierten Zustand

- man ist von einer Idee begeistert und möchte andere Menschen mitreißen
- Ungerechtigkeiten können einen auf die Palme bringen
- man ist intensiv, überzentriert, man möchte alles hundertfünfzigprozentig machen
- man ist impulsiv, idealistisch bis missionarisch, innerlich aufgedreht, immer im Einsatz
- man sagt anderen im Übereifer, wie sie es machen sollen, handelt für sie mit, versucht sie zu ihrem Glück zu zwingen
- in dem Wunsch, die anderen zu bekehren, überrollt man sie förmlich mit seiner Energie, ermüdet sie dadurch und stößt sie ab
- man möchte auf keinen Fall krank werden, damit man in seinem Arbeitsschwung nicht aufgehalten wird
- Missionsdrang: Man meint genau zu wissen, was für den anderen gut ist
- man übertreibt, man überschlägt sich, wird fanatisch
- mutig nimmt man Risiken in Kauf, ist bereit, für seine Ziele Opfer zu bringen
- man zwingt sich mit einem enormen Energieaufwand dazu weiterzumachen, auch wenn die physischen Kräfte erschöpft sind
- man hat Schwierigkeiten, das richtige Maß zu finden

- man ist gereizt und nervös, »geht auf dem Zahnfleisch«, wenn die Dinge nicht so vorankommen, wie man möchte
- man kann kein Ende finden, muß immer übertreiben, beim Essen, beim Sex, beim Arbeiten, beim Sport ...
- man ist innerlich so überdreht, daß man fast nicht mehr entspannen kann; oft sind Muskeln, Augen oder der Kopf extrem angespannt
- Kinder wollen abends nicht ins Bett, sind überaktiv

Sie brauchen die Blüte, wenn ein bis zwei Reaktionen in Ihrer jetzigen Situation ganz genau zutreffen.

Wo liegt der geistige Irrtum? Was verkenne ich?

Im inneren Drang zum Wohl des großen Ganzen beizutragen, überschreitet man die Grenzen des eigenen Lebensplanes und glaubt moralisch Recht zu haben, die Lebenspläne anderer Menschen zu beeinflussen.

Positives Potential

- man findet bei allen Tätigkeiten das richtige Maß
- man reagiert tolerant und gelassen
- man bekennt sich zu seinen Ideen, kann aber auch die Ideen seiner Mitmenschen respektieren und sachlich diskutieren
- man kann den anderen »nach seiner Fasson selig werden« lassen
- man setzt seine große Energie gezielt und behutsam für eine lohnende Aufgabe ein
- man kann andere ohne Mühe begeistern, inspirieren und mitreißen und zum bewußten Werkzeug einer höheren Idee werden

Kraftformel

»ICH LASSE LOS.
ICH GEBE RAUM.
ICH ERKENNE DAS MASS.«

32. Vine – die Autoritätsblüte

Führen …

… und sich führen lassen

Vine – Schlüsselsymptome

Dominierend ehrgeizig; machtorientiert; »der kleine Tyrann«.

Reaktionen im blockierten Zustand

- man muß sich um jeden Preis behaupten, kann nicht klein beigeben
- man muß immer das letzte Wort haben
- man hat Probleme mit dem Gehorchen
- man hat Probleme damit, eine Führungsrolle auszufüllen, anderen zu sagen, was zu tun ist
- man übernimmt gern die Führung und spielt gern die Rolle des »Retters in der Not«
- man läuft Gefahr, seine großen Fähigkeiten für persönliche Machtziele zu mißbrauchen
- man setzt sich rücksichtslos über die Meinung anderer hinweg
- man zweifelt nicht eine Sekunde an seiner Überlegenheit, zwingt anderen seinen Willen auf
- man verspürt immer wieder den Drang, seine Kräfte zu messen und hierarchische Grenzen in Frage zu stellen
- man ist hart, mitleidslos, kennt kein schlechtes Gewissen
- man ist engstirnig, läßt nur die eigene Meinung gelten
- Kopf geht vor Herz
- man regiert, indem man anderen bewußt angst macht
- selbst auf dem Krankenbett sagt man dem Arzt, was er zu tun hat, und hält das Pflegepersonal auf Trab
- man diskutiert nicht, weil man sowieso immer recht hat
- Menschen, die das Machtspiel nicht mitspielen wollen, werden ignoriert

- Radfahrermentalität (nach oben buckeln, nach unten treten)
- man verträgt keinen Widerspruch
- man akzeptiert innerlich nur ganz wenige Menschen, nimmt die anderen nicht ernst
- Kinder verprügeln brutal ihre Spielkameraden
- alte Menschen beharren starrsinnig auf ihrem Willen

Sie brauchen die Blüte, wenn ein bis zwei Reaktionen in Ihrer jetzigen Situation ganz genau zutreffen.

Wo liegt der geistige Irrtum? Was verkenne ich?

In der Sehnsucht nach unbegrenzter Entfaltung mißachtet man die Persönlichkeitsgrenzen anderer Menschen, indem man seinen Eigenwillen unbedingt durchsetzen will, anstatt sich dem Gesetz der Einheit unterzuordnen.

Positives Potential

- man akzeptiert die Ansprüche anderer und nimmt Rücksicht auf ihre Bedürfnisse
- man kann zwischen gesundem und übersteigertem Ehrgeiz unterscheiden
- man begreift seine Aufgabe als Rolle in einem Theaterstück auf der Lebensbühne, die man mit Menschlichkeit ausfüllen muß
- man hilft anderen, sich selbst zu helfen und ihren eigenen Weg zu finden
- der weise, verständnisvolle Führer, der natürliche Autorität besitzt

Kraftformel

»ICH FÜHLE MICH EIN.
ICH RESPEKTIERE.
ICH WÜRDIGE UND UNTERSTÜTZE.«

33. Walnut – die Verwirklichungsblüte

Von Beeinflussbarkeit … … zu innerer Festigkeit

Walnut – Schlüsselsymptome

Verunsicherung, Beeinflußbarkeit und Wankelmut – vor allem bei Übergängen in neue Lebensphasen.

Reaktionen im blockierten Zustand

- man hat klare Zielvorstellungen im Leben, weiß normalerweise genau, was man will, hat aber im Moment Schwierigkeiten, sich selbst treu zu bleiben
- man reagiert normalerweise sehr eigenständig, läßt sich aber durch Familienrücksichten, gesellschaftliche Konventionen, sentimentale Erinnerungen oder wohlmeinende Warnungen vorübergehend in seinen Entscheidungen verunsichern
- man hat eine wichtige Lebensentscheidung gefällt, es fehlt nur noch der letzte Schritt zur Verwirklichung
- man möchte alle Beschränkungen und Beeinflussungen endgültig hinter sich lassen, aber es gelingt noch nicht ganz
- man kann sich bei eigenen Lebensentscheidungen schwer dem Einfluß einer faszinierend starken Persönlichkeit entziehen: Vorbild, Partner, Lehrer usw.
- man ist durch ein unerwartetes äußeres Ereignis gezwungen, seine ganze Lebensplanung neu zu überdenken
- man möchte mit einer äußeren Veränderung endlich innerlich »ganz klarkommen«
- trotz neuer Entscheidungen fühlt man sich immer noch von einer alten Gewohnheit festgehalten
- man hat eine Partnerschaft beendet, fühlt sich aber trotz räumlicher Trennung weiterhin »im Bann« des Partners
- entscheidende Lebensveränderungen laufen ab: Heirat, Ge-

burt, Berufswechsel, Umzug in eine andere Stadt, Scheidung, Pensionierung, Umzug in ein Altersheim o. ä.
- entscheidende biologische Wandlungsphasen stehen an: Pubertät, Schwangerschaft, Menopause, Krankheit im Endstadium

Sie brauchen die Blüte, wenn ein bis zwei Reaktionen in Ihrer jetzigen Situation ganz genau zutreffen.

Wo liegt der geistige Irrtum? Was verkenne ich?

Im Bestreben, seinen Lebensplan umzusetzen, ist man offen für Ideen und Impulse anderer Menschen, verkennt aber vorübergehend, daß man sich dadurch nicht von den Impulsen seiner inneren Führung ablenken lassen darf.

Positives Potential

- der Pionier, der sich selbst treu bleibt
- man wagt das Neue
- man tut den entscheidenden Schritt
- man ist immun gegen äußere Einflüsse und offen für innere Eingebungen
- man »hat Charakter«
- man geht unbeirrt seinen Lebensweg

Kraftformel

»ICH BIN MIR SICHER.
ICH BLEIBE MIR TREU.
ICH GEHE MEINEN WEG.«

34. Water Violet – die Kommunikationsblüte

Von der Isolation …

… zum Miteinander

Water Violet – Schlüsselsymptome

Innere Reserviertheit; stolze Zurückhaltung; isoliertes Überlegenheitsgefühl.

Reaktionen im blockierten Zustand

- man möchte sich aus einer bestimmten Situation oder Beziehung zurückziehen
- man fühlt sich isoliert und »außen vor«
- man handelt zeitweilig herablassend oder stolz
- man duldet nicht, daß sich andere in die eigenen persönlichen Angelegenheiten einmischen
- man macht alles mit sich selbst ab, belastet andere nicht mit seinen Schwierigkeiten
- weil man innerlich auf Distanz ist, wird man von anderen für eingebildet, überheblich oder arrogant gehalten
- es fällt einem schwer, von sich aus unbefangen auf die Menschen zuzugehen
- man möchte von seinem inneren Podest herunter, weiß aber nicht, wie
- man hat Schwierigkeiten, bei einem Party-Gespräch oder einer Diskussion »mitzumischen«
- man macht es anderen unbewußt schwer, seine innere Bannmeile zu überschreiten und in persönlichen Kontakt zu kommen
- man geht emotional geführten Auseinandersetzungen aus dem Wege, weil sie einen erschöpfen
- man kann nicht gut entspannen

- man weint selten, bemüht sich um innere Haltung
- man zieht sich auch räumlich zurück – my home is my castle

Sie brauchen die Blüte, wenn ein bis zwei Reaktionen in Ihrer jetzigen Situation ganz genau zutreffen.

Wo liegt der geistige Irrtum? Was verkenne ich?

Im Bestreben, seine Individualität zu entwickeln, verkennt man, daß inneres Wachstum nicht nur die Zurrückgezogenheit, sondern auch den Energieaustausch mit anderen Menschen erfordert.

Positives Potential

- man ist sich selbst genug und lebt nach der Devise: »Leben und leben lassen«
- man wahrt taktvoll Abstand, fühlt sich gleichwohl mit seinen Mitmenschen innerlich verbunden
- man ist gerne mit sich allein, kann aber auf den anderen zugehen, wenn die Situation es erfordert
- man agiert souverän und gewissenhaft, gern mehr im Hintergrund
- man ist für andere ein Vorbild eines ausgeglichenen, toleranten und innerlich unabhängigen Menschen

Kraftformel

»ICH GEHÖRE DAZU.
ICH NEHME TEIL.
ICH ERLAUBE NÄHE.«

35. White Chestnut – die Gedankenblüte

Vom Mentalkarussell …
… zur inneren Ruhe

White Chestnut – Schlüsselsymptome

Bestimmte Gedanken kreisen unaufhörlich im Kopf, man wird sie nicht wieder los; innere Selbstgespräche und Dialoge.

Reaktionen im blockierten Zustand

- unerwünschte Gedanken oder Bilder drängen sich unaufhörlich ins Bewußtsein, und man kann sie nicht abstellen
- eine Sorge oder ein Ereignis läßt einen nicht los, nagt am Gemüt
- man denkt wieder und wieder, »was man hätte sagen sollen« oder »was man sagen müßte«
- es ist, als bliebe eine Schallplatte immer wieder an derselben Stelle hängen
- man tritt gedanklich ergebnislos auf der Stelle, fühlt sich wie ein Hamster im Laufrad
- unaufhörliches inneres Geplapper, Zwangsdenken, Echohalle im Kopf
- man bearbeitet gedanklich wieder und wieder die gleichen Probleme, ohne zu einer Lösung zu kommen
- unkontrollierte Überaktivität des Denkapparates, daher im Alltag unkonzentriert, man hört z. B. nicht mehr, daß man angesprochen wird
- man denkt nicht mehr selbst, sondern man »wird gedacht«
- man ist wegen des quälenden Gedankenzudrangs schlaflos, besonders in den frühen Morgenstunden
- wegen mentaler Spannung u. U. Zähneknirschen, Mahlen mit dem Unterkiefer, Spannungsgefühl um Stirn und Augen

Sie brauchen die Blüte, wenn ein bis zwei Reaktionen in Ihrer jetzigen Situation ganz genau zutreffen.

Wo liegt der geistige Irrtum? Was verkenne ich?

In der Sehnsucht nach geistiger Klarheit und Wahrheit verwechselt man die Ebenen. Man versucht, Probleme einseitig mental zu bewältigen. Dadurch schneidet man sich von den ordnenden und kreativen Impulsen seiner inneren Führung ab.

Positives Potential

- man verfügt über ein leistungsfähiges Denkvermögen und macht gezielt von ihm Gebrauch
- man kann sich gut konzentrieren, mit seiner Gedankenkraft konstruktiv arbeiten
- durch die Ausrichtung auf die innere Führung klären und ordnen sich die Gedankenimpulse
- man kann aus der inneren Ruhe Problemlösungen und Einfälle wie von selbst auftauchen lassen

Kraftformel

»ICH FÜHLE DIE STILLE.
ICH FÜHLE MICH KLAR.
ICH LENKE MEIN DENKEN.«

36. Wild Oat – die Berufungsblüte

Vom Suchen …

… zum Finden

Wild Oat – Schlüsselsymptome

Unbestimmtheit in den Zielvorstellungen; Unzufriedenheit, weil man seine Lebensaufgabe nicht findet.

Reaktionen im blockierten Zustand

- man hat unklare Zielvorstellungen, kann seine Richtung im Leben nicht finden. Das führt zu Unzufriedenheit, Frustration oder Langeweile
- man ist ehrgeizig, möchte etwas Besonderes leisten, weiß aber nicht genau, was
- es drängt einen immer wieder zu neuen Projekten
- man probiert vieles aus, aber nichts bringt wirkliche Befriedigung
- man fühlt trotz vieler Möglichkeiten keine Neigung zu einem bestimmten Beruf, dieses »In-der-Luft-Hängen« macht verzagt
- man ist niedergeschlagen, weil die Dinge bei einem selbst nicht so klar sind wie bei anderen Menschen
- man zersplittert seine Kräfte, tanzt auf zu vielen Hochzeiten
- man will sich innerlich nicht festlegen, manövriert sich dadurch immer wieder in unbefriedigende Situationen hinein
- man lebt in unpassenden beruflichen oder privaten Verhältnissen
- man springt zwischen verschiedenen Tätigkeiten und Themen hin und her, im Beruf, im Haushalt, im Gespräch

Sie brauchen die Blüte, wenn ein bis zwei Reaktionen in Ihrer jetzigen Situation ganz genau zutreffen.

Wo liegt der geistige Irrtum? Was verkenne ich?

In dem unbewußten Wunsch, seine Einzigartigkeit auszudrücken, sucht man das Besondere in der Außenwelt, anstatt das Besondere des eigenen Lebensplanes im Inneren zu erkennen.

Positives Potential

- man erkennt seine Einzigartigkeit
- man findet seine Vision und zieht die passenden Möglichkeiten zur Verwirklichung an
- man hat die Fähigkeit, mehrere Tätigkeiten erfolgreich nebeneinander auszuüben, und kann diese in eine übergeordnete Zielsetzung einbringen
- man erkennt seine Berufung und kann ihr folgen

Kraftformel

»ICH SEHE DEN SINN.
ICH VERFOLGE MEIN ZIEL.
ICH BIN ERFÜLLT.«

37. Wild Rose – die Blüte der Lebenslust

Vom Sich-Aufgeben …

… zur Hingabe

Wild Rose – Schlüsselsymptome

Teilnahmslosigkeit, Apathie, Resignation, innere Kapitulation.

Reaktionen im blockierten Zustand

- man findet sich fatalistisch mit allem ab
- man nimmt sich selbst nicht mehr wichtig
- man hat innerlich resigniert, obwohl die äußeren Umstände gar nicht so negativ sind
- Totalverlust von Lebensfreude und innerer Motivation
- man unternimmt keinerlei Anstrengungen mehr, in seinem Leben etwas zum Positiven zu verändern
- man fügt sich in sein Schicksal, z. B. in eine unglückliche Ehe, einen unbefriedigenden Beruf, eine chronische Krankheit o. ä.
- man glaubt, daß man erblich negativ belastet sei
- unterschwellige Traurigkeit
- man fühlt sich chronisch gelangweilt, gleichgültig und innerlich leer
- man beklagt sich nicht über seinen Zustand, da man ihn für normal hält
- man ist schlaff, völlig energielos, vegetiert apathisch vor sich hin
- man spricht mit monotoner, matter Stimme

> Sie brauchen die Blüte, wenn ein bis zwei Reaktionen in Ihrer jetzigen Situation ganz genau zutreffen.

Wo liegt der geistige Irrtum? Was verkenne ich?

In der Sehnsucht, sich dem großen Ganzen hinzugeben, meint man irrtümlich, es lohne sich nicht mehr, auf der Persönlichkeitsebene Lebensinitiative zu entfalten.

Positives Potential

- man sagt ja zum Leben
- man entfaltet Initiative
- man findet sein Dasein spannend und interessant
- man lebt im Gefühl innerer Freiheit und Vitalität
- man gibt sich voller Lust dem Leben hin

Kraftformel

»ICH WILL LEBEN.
ICH FORDERE LEBEN.
ICH ERGREIFE MEINE LEBENSCHANCE.«

38. Willow – die Schicksalsblüte

Vom Schicksalsgroll …
… zur Selbstverantwortung

Willow – Schlüsselsymptome

Innerer Groll; Verbitterung; »Opfer des Schicksals«.

Reaktionen im blockierten Zustand

- man fühlt sich zurückgesetzt, einer Situation hilflos ausgeliefert
- man erlebt sich als machtlos
- verbitterte Lebenshaltung, man grollt seinem Schicksal und fühlt sich ungerecht behandelt
- man fühlt sich für seine Lage nicht verantwortlich; schuld sind die Umstände oder andere
- man glaubt, der eigene Einsatz im Leben würde vom Schicksal nicht anerkannt
- man glaubt, das Leben habe einem vieles vorenthalten, worauf man ein Anrecht gehabt hätte
- man »fordert« vom Schicksal, ist aber nicht bereit, selbst etwas dafür zu tun
- man nimmt Hilfe von anderen als selbstverständlich entgegen
- man reagiert vorwurfsvoll oder verteidigend und wirkt häufig als Miesmacher oder Spielverderber
- man versucht, die gute Stimmung und den Optimismus anderer herunterzuziehen
- man sitzt innerlich in der Schmollecke, spielt die »beleidigte Leberwurst«, zieht sich immer mehr aus dem Leben zurück
- man hegt giftige und vorwurfsvolle Gedanken aus innerer Verbitterung
- man schwelt in stiller Wut vor sich hin, explodiert aber nicht
- man weigert sich innerlich, die eigene Negativität zu akzeptieren; deshalb kann sich nichts ändern

- man gibt bei Genesung von einer Krankheit nur widerwillig zu, daß es einem besser geht

Sie brauchen die Blüte, wenn ein bis zwei Reaktionen in Ihrer jetzigen Situation ganz genau zutreffen.

Wo liegt der geistige Irrtum? Was verkenne ich?

In der unbewußten Sehnsucht nach der großen Einheit, in der kein Wunsch mehr offen ist, verwechselt man die Ebenen. Wenn das Leben nicht alles liefert, was man fordert, grollt man dem Schicksal. Man verkennt, daß auf der Persönlichkeitsebene das Gesetz von Ursache und Wirkung herrscht.

Positives Potential

- man nimmt sein Leben aktiv in die Hand
- man denkt konstruktiv und kann den Verlauf der Ereignisse beeinflussen
- man übernimmt Verantwortung für sein Schicksal
- man weiß, daß man nach dem Gesetz »wie innen – so außen« Positives oder Negatives anziehen kann, und arbeitet bewußt mit diesem Prinzip

Kraftformel

»ICH HABE DIE MACHT.
ICH HABE DIE KRAFT.
ICH ÜBERNEHME DIE VERANTWORTUNG.«

39. Rescue – Erste Hilfe- oder Notfall-Tropfen

Rescue wirkt bei jedem Persönlichkeitstyp. Denn mit dieser Blütenzusammenstellung erfaßte Bach ein noch übergeordnetes archetypisches Reaktionsmuster, in dem sich die gesamte Struktur der Persönlichkeit verformt und die Verbindung zum physischen Körper in Frage gestellt ist.

Als Reaktion in einer Ausnahmesituation erkannte Bach das Zusammenspiel der folgenden fünf Verhaltensmuster:

Totstellreflex, z. B. Ohnmacht	Star of Bethlehem
Nervliche Übererregung, z. B. Panikreaktion	Rock Rose
Überschießende Handlungsimpulse	Impatiens
Angst vor Kontrollverlust, z. B. Zittern	Cherry Plum
Tendenz zur Verleugnung, Traumverlorenheit	Clematis

Die Einnahme von Rescue sorgt innerhalb von etwa einer Minute für eine sofortige Aktivierung der körperlichen Selbstheilungsmechanismen. Es bewirkt eine emotionale Stabilisierung, eine psycho-physische Entspannung und schafft damit die besten Voraussetzungen für eine eventuell nötig werdende körperliche Behandlung.

Rescue ersetzt jedoch keine medizinische Notfallbehandlung!

Die Worte Notfall oder Schock sind in diesem Zusammenhang umfassender zu verstehen als gleichlautende medizinische Begriffe.

Shocking ist im Englischen alles, was unser energetisches System erschüttert. Es gibt Menschen, die bereits durch ein lautes Türknallen oder das Lesen eines unfreundlichen Briefes aus dem Gleichgewicht geraten. Andere sind »erst« nach einem Sturz im Treppenhaus oder einem Autounfall erschüttert.

Rescue-Creme:

Für kleine körperliche Schocks wie Verbrennungen, Verstauchungen, Schnitte und plötzliche Hautausschläge wird Rescue auch als Salbe hergestellt. Diese hat sich auch bei der Narbenbehandlung und beim Wundliegen *(Dekubitus)* bettlägeriger Menschen bewährt. Sie enthält außer den fünf Rescue-Blüten zusätzlich Crab Apple.

Rescue-Creme wird wie jede andere Salbe dünn auf die betroffenen Stellen aufgetragen. In vielen Fällen setzt die sofortige Anwendung der Creme eine unerwartet schnelle Heilung in Gang. Zeigen sich nach einem bis zwei Tagen hingegen keine Zeichen von Veränderung, so ist die Salbe in diesem Fall nicht das Mittel der Wahl. Rescue-Creme hat sich auch als Massagehilfe bewährt (vor dem Gleitmittel auftragen) sowie als Vorbeugung gegen Hautirritationen durch Sport.

Rescue-Anwendungsgebiete

Grundsätzliche Situationen, in denen Rescue helfen kann:

- wenn man seelisch durcheinander ist, z. B. nach einem Familienkrach
- wenn einem etwas Unangenehmes bevorsteht, z. B. ein Bewerbungsgespräch oder ein öffentlicher Auftritt
- wenn man einen Schreck bekommen hat, z. B. nach einem Insektenstich oder einem Herzanfall
- wenn man in einer streßgeladenen Atmosphäre arbeiten muß, z. B. an einem Abfertigungsschalter am Flughafen

Psychische Ausnahmesituationen sind z. B.:

- vor und nach einem operativen Eingriff
- nach Familienstreitigkeiten
- vor einer persönlichen Auseinandersetzung
- vor einer Beerdigung

- vor einer Gerichtsverhandlung
- vor einem Bewerbungsgespräch
- vor einem schmerzlichen Abschied
- vor einer Neueröffnung, Premiere u. ä.
- bei Angst vor einem Zahnarztbesuch
- bei Angst vor dem Fliegen
- wenn das Baby im Flugzeug oder Zug schreit
- nach Erhalt eines enttäuschenden Briefes
- wenn Kinder durch Brutalität im Fernsehen verstört sind

Körperliche Ausnahmesituationen sind z. B. (hierzu zusätzlich lokal auftragen):

- nach einem Verkehrsunfall
- nach einem Unfall im Haushalt, nach Verletzungen beim Heimwerken
- nach Insektenstichen oder Hundebissen
- nach Sonnenbrand
- nach Sportunfällen
- nach Prellungen, Verstauchungen, Schürfungen
- nach Verbrennungen
- bei einem Erstickungsanfall, allergischen Anfall, nach einem Herzanfall u. ä.

Bei Tieren:

- wenn Haustiere im Auto transportiert werden müssen
- wenn ein Vogel gegen die Fensterscheibe geflogen ist
- wenn ein Haustier plötzlich krank wird und man nicht weiß, was dahintersteckt.

Wichtige Hinweise zur Anwendung von Rescue:

- Rescue ersetzt keine Bach-Blütentherapie, sondern ist bestenfalls eine Vorstufe dazu. Menschen, die immer wieder zu den Notfalltropfen greifen, sollten sich mit den fünf einzelnen Blütenkonzepten tiefer beschäftigen. Sicher gehören zwei oder drei davon zu ihren persönlichen Basismitteln, die besser in individuelle Mischungen eingebaut werden sollten.

- Die Notfalltropfen können neben einer individuellen Blütentherapie immer wieder unregelmäßig eingenommen werden. Mit ihnen können heftige Erstreaktionen gemildert werden.

- Rescue ist zur vorübergehenden Einnahme, aber nicht zum Dauergebrauch gedacht. Manche Menschen brauchen es öfter, andere seltener. Was für den einen nur eine lästige Angelegenheit ist, z. B. ein Zahnarztbesuch, kann beim anderen durchaus einen Angstanfall auslösen, also eine Rescue-Situation sein.

- Mit viel Erfolg wird Rescue auch zur Behandlung von Tieren und Pflanzen eingesetzt.

- Rescue kann auch äußerlich angewendet werden in Form von Umschlägen, Wickeln, Kompressen u. ä.

- Angaben über die Zubereitung und Dosierung finden Sie auf dem Informationsblatt (Seite 40/41). Weitere Informationen über den Einsatz von Rescue finden Sie in Mechthild Scheffer, »Die Original Bach-Blütentherapie« (Hugendubel 1999) auf den Seiten 239 ff., 272, 287 und 374.

Kapitel 5

Ähnlichkeiten und Unterschiede zwischen verschiedenen Bach-Blüten – Referenztabelle

Die nachfolgenden Unterschiede zwischen den Bach-Blüten sind vor allem als Hilfestellung für das Diagnosegespräch gedacht. Die von 1 bis 127 gelisteten Unterschiede zeigen auf, unter welchem *Aspekt* die Blüten leicht verwechselt werden können, und beschreiben, woran man erkennt oder wie man erfragen kann, welche Blüte für die Situation treffender ist.

Die Beschreibungen gelten vor allem für chronische Zustände. Seinen akuten Zustand wird der Gesprächspartner oft nicht so klar beschreiben können.

Die Zusammenstellung beruht auf zwanzigjähriger Beobachtung in der Praxis, versucht psychologische Unterschiede aufzuzeigen und wird in vielen Fällen eine gute Hilfestellung sein. Sie erhebt aber keinen Anspruch auf Vollständigkeit, da man die Blütenkonzepte auch noch unter weiteren Aspekten vergleichen könnte.

1. So benutzen Sie die Referenztabelle auf Seite 140/141

Suchen Sie die beiden Blüten, die Sie vergleichen wollen, eine auf der senkrechten, die andere auf der waagrechten Linie. Im Schnittpunkt beider verlängerter Linien finden Sie die Zahl mit dem betreffenden Blütenvergleich, z. B. »1. Agrimony oder Centaury?«.

Formulieren Sie aus diesen Informationen je eine Frage, die Sie Ihrem Gesprächspartner stellen können, z. B.:

»Wenn Sie nachgeben, geben Sie dann nach, um Streit zu vermeiden, um des lieben Friedens willen? Oder ist es vielmehr so, daß Sie gar nicht merken, daß Sie schon wieder nachgegeben haben, weil Sie einfach gutmütig sind und nicht nein sagen können?«

Beantwortet Ihr Gesprächspartner für die jetzige Situation beide Fragen mit einem Ja, so gehören beide Blüten in die aktuelle Mischung. Sie werden feststellen, daß dies nicht selten der Fall ist.

Referenztabelle

Bach-Blüten-name	Agrimony	Aspen	Beech	Centaury	Cerato	Cherry Plum	Chestnut Bud	Chicory	Clematis	Crab Apple	Elm	Gentian	Gorse	Heather	Holly	Honeysuckle	Hornbeam	Impatiens	Larch
Agrimony	–		11	1	2	3								4					
Aspen		–				25			7										
Beech	11		–	12															
Centaury	1		12	–	16				17			18							19
Cerato	2			16	–		29												22
Cherry Plum	3	25				–									26			27	
Chestnut Bud					29		–		30			31						32	
Chicory								–						58	61				
Clematis		7		17			30		–							40			
Crab Apple										–									
Elm											–	46	52				47		48
Gentian				18			31				46	–	53						50
Gorse											52	53	–			65	69		75
Heather	4							58						–					
Holly						26		61							–			62	
Honeysuckle									40				65			–			
Hornbeam											47		69				–		70
Impatiens						27	32								62			–	
Larch				19	22						48	50	75				70		–
Mimulus	5	8		78		79								59					76
Mustard									41			51	54			66			
Oak											86								
Olive				20							49		90				71		
Pine										44									94
Red Chestnut		9		98				36								99			
Rock Rose		10				101												73	
Rock Water			13			104				45				105					
Scleranthus					23		33												
Star of Bethlehem	6								42							67			
Sweet Chestnut						28					111	112	55						
Vervain			14					37						60				74	
Vine			15					38							63				
Walnut		115		21	116														
Water Violet																		118	119
White Chestnut						122				123								124	
Wild Oat					24		34					125							
Wild Rose				126			35		43				56			68	72		77
Willow								39					57		64				

Mimulus	Mustard	Oak	Olive	Pine	Red Chestnut	Rock Rose	Rock Water	Scleranthus	Star of Bethlehem	Sweet Chestnut	Vervain	Vine	Walnut	Water Violet	White Chestnut	Wild Oat	Wild Rose	Willow	
5									6										Agrimony
8					9	10							115						Aspen
							13				14	15							Beech
78			20		98								21				126		Centaury
								23					116			24			Cerato
79						101	104			28					122				Cherry Plum
								33								34	35		Chestnut Bud
					36						37	38						39	Chicory
	41								42								43		Clematis
				44			45								123				Crab Apple
		86	49							111									Elm
	51									112						125			Gentian
	54		90							55							56	57	Gorse
59							105				60								Heather
												63						64	Holly
	66				99				67								68		Honeysuckle
			71														72		Hornbeam
						73					74			118	124				Impatiens
76				94										119			77		Larch
–				95	80	81			82					120					Mimulus
	–		91						83	84				121			85		Mustard
		–	92	96			87				88	89							Oak
	91	92	–														93		Olive
95		96		–			97												Pine
80					–	100							117						Red Chestnut
81					100	–			102	103									Rock Rose
		87		97			–				106	107							Rock Water
								–								108			Scleranthus
82	83					102			–	110							127	109	Star of Bethlehem
	84					103			110	–									Sweet Chestnut
		88					106				–	113							Vervain
		89					107				113	–		114					Vine
					117								–						Walnut
120	121											114		–					Water Violet
															–				White Chestnut
								108								–			Wild Oat
	85		93						127								–		Wild Rose
									109									–	Willow

1. Agrimony oder Centaury? Beide neigen dazu nachzugeben.
AGRIMONY: Man würde gern anders handeln, gibt aber lieber nach, um Mißstimmungen zu vermeiden.
CENTAURY: Man gibt nach, oft ohne es überhaupt als Nachgeben zu empfinden, weil man zu weich ist und nicht nein sagen kann.

2. Agrimony oder Cerato? Beide richten sich gern nach anerkannten Verhaltensregeln und tun das, was »in« ist.
AGRIMONY: Man benutzt dieses Verhalten als Maske, um seine wirklichen Gefühle dahinter zu verbergen.
CERATO: Die Verhaltensregel gibt Sicherheit, da man seiner eigenen Meinung nicht vertraut oder keine hat.

3. Agrimony oder Cherry Plum? Beide wollen ihre Gefühle nicht zeigen.
AGRIMONY: Man möchte Streitigkeiten oder Mißstimmungen mit anderen Menschen vermeiden; wirkt nervös.
CHERRY PLUM: Man hat Angst, die eigenen verdrängten Gefühle selbst anzuschauen, weil man fürchtet, sie könnten sich unkontrolliert entladen; wirkt gestaut.

4. Agrimony oder Heather? Beiden Zuständen liegt eine hohe seelische Bedürftigkeit zugrunde, die sich auch in starkem Redefluß äußern kann.
AGRIMONY: Man will beschwichtigen, überspielen oder von etwas ablenken.
HEATHER: Man sucht durch ständiges Reden über seine Probleme Zuwendung und Hilfe, die man aber nicht annehmen kann. Dem Gesprächspartner raubt es den Atem.

5. Agrimony oder Mimulus? Beide können sich schüchtern und zögerlich verhalten.
AGRIMONY: Man möchte keine Konflikte oder Auseinandersetzungen heraufbeschwören.
MIMULUS: Aus angeborener Vorsicht und Empfindlichkeit handelt man erst, wenn es unbedingt sein muß.

6. Agrimony oder Star of Bethlehem? Beide zeigen kein echtes Gefühl.

AGRIMONY: Man will nicht.
STAR OF BETHLEHEM: Man kann nicht, weil man durch ein Erlebnis noch wie »unter Schock steht«.

7. Aspen oder Clematis? Beide können im Gespräch den Eindruck machen, nicht richtig zuzuhören oder mit etwas anderem beschäftigt zu sein.
ASPEN: Man hat innerlich alle Antennen ausgefahren, um vermeintliche Bedrohungen zu orten, von denen man nicht weiß, woher sie kommen, z. B. Strahlen, Geister etc.
CLEMATIS: Man ist geistig ausgestiegen, befindet sich offensichtlich in einer anderen Welt, z. B. an seinem Urlaubsort oder bei einem ungelösten Problem.

8. Aspen oder Mimulus? Beide haben Angst.
ASPEN: Man kann nicht genau sagen, wovor man Angst hat. Es ist eher ein unheimliches Gefühl, das einen beschleicht oder in einem aufsteigt.
MIMULUS: Man kann genau angeben, wovor man sich fürchtet, z. B. vor einem Hund, einem Zahnarztbesuch, einer Prüfung usw.

9. Aspen oder Red Chestnut? Beide können sich nicht gut abgrenzen.
ASPEN: Man ist zu offen gegenüber Einflüssen und Impulsen, die nicht hinterfragt werden, z. B. die streßgeladene Atmosphäre in Kaufhäusern.
RED CHESTNUT: Starke Projektionskraft. Man nimmt seine eigenen Bedürfnisse oder Gefühle über eine andere Person wahr, von der man sich seelisch noch nicht abgenabelt hat.

10. Aspen oder Rock Rose? Beide haben Angst.
ASPEN: Die Angst schleicht sich an, umgibt einen, z. B. wie in einem Gruselfilm.
ROCK ROSE: Die Angst ist akut und wird als lebensbedrohlich in jeder Zelle des Körpers erlebt, z. B. Panik während eines schweren Gewitters.

11. Beech oder Agrimony? Beide verdrängen eigene Bedürfnisse und Empfindungen.
BEECH: Man kritisiert Dinge, die man bei sich verdrängt hat, an anderen: Z. B. ein Geiziger beklagt sich über die Sparsamkeit des Partners.

AGRIMONY: Man lenkt sich und andere von dem Problem ab, indem man z. B. versucht, es ins Humoristische zu ziehen: »Wer den Pfennig nicht ehrt, ist des Talers nicht wert.«

12. Beech oder Centaury? Beide vertreten oft ihre eigene Meinung nicht.
BEECH: Man versucht seinen eigenen kritischen Gedanken durch übertriebene Toleranz gegenzusteuern. Man kritisiert gar nicht mehr, »alles ist gut« (introvertierter Beech-Zustand).
CENTAURY: In Anwesenheit stärkerer Persönlichkeiten (z. B. Vine) wird die eigene Meinung überlagert, nicht mehr wahrgenommen und nicht mehr geäußert.

13. Beech oder Rock Water? Beide neigen zu idealen Vorstellungen davon, »wie etwas sein müßte«.
BEECH: Kritisiert und beklagt die Mängel: »Der Lärm ruiniert das Nervensystem.«
ROCK WATER: Kritisiert nicht ungefragt, sondern zimmert sich ein eigenes ideales Weltbild und versucht es eisern in die Tat umzusetzen. Er unterzieht sich z. B. einem strengen Yoga-Programm zur Nervenstärkung, von dem er auch bei Zeitmangel nicht abweicht.

14. Beech oder Vervain? Beide haben zeitweilig Probleme mit der Toleranz.
BEECH: Man erträgt es nicht, Fehler wahrzunehmen. Die Kritik ist ein Abgrenzungsversuch.
VERVAIN: Man erträgt es nicht, wenn die eigenen gutgemeinten Ideen und Vorschläge bei anderen nicht ankommen, und versucht es dann mit noch größerer Intensität.
Diese Überzeugungsschlachten dienen auch dazu, sich immer wieder selbst der eigenen Auffassung zu versichern.

15. Beech oder Vine? Beide nehmen wenig Rücksicht auf die Gefühle ihrer Mitmenschen.
BEECH: Eigene und fremde Gefühle werden oft als lästig erlebt, darum will man sich nicht in die Gefühlsumstände anderer Personen hineinversetzen, sondern urteilt oft rational.
VINE: Vor dem eigenen unbedingten Dominanzbedürfnis tritt das Mit-

gefühl für den anderen Menschen zurück. Nur die Erfüllung der eigenen Bedürfnisse, die eigene Existenz ist wichtig.

16. Centaury oder Cerato? Beide haben Schwierigkeiten mit der Selbstdefinition und Selbstbehauptung.
CENTAURY: Um anerkannt zu werden und aus einer angeborenen Hilfsbereitschaft heraus, läßt man sich von anderen für deren Interessen einspannen und vernachlässigt den eigenen Lebensplan. »Man hat ein weiches Herz.«
CERATO: In der Kindheit wurde die intuitive Entwicklung unterdrückt und verkümmerte. Man zweifelt deshalb eigene intuitive Impulse grundsätzlich an und sucht statt dessen die Orientierung im Außen. Man läßt sich leicht verunsichern, wirkt auf andere unter Umständen wie ein unmündiges Kind.

17. Centaury oder Clematis? Beide können im Gespräch schwer faßbar sein.
CENTAURY: Weil der Wille schwach entwickelt ist und keine klaren Bedürfnisse artikuliert werden.
CLEMATIS: Weil sich das Gegenüber durch Flucht in eine andere gedankliche Welt der unliebsamen Auseinandersetzung mit den realen Tatsachen entzieht.

18. Centaury oder Gentian? Beide können schnell aufgeben.
CENTAURY: Weil der eigene Wille zum Durchhalten nicht stark genug ist.
GENTIAN: Weil man aus mangelndem Grundvertrauen bei kleinsten Rückschlägen entmutigt ist und an der Richtigkeit seiner Entscheidung zweifelt.

19. Centaury oder Larch? Beide können zu bescheiden und zu nachgiebig reagieren.
LARCH: Weil es an Selbstvertrauen fehlt.
CENTAURY: Weil es an Selbstbestimmung fehlt.

20. Centaury oder Olive? Beide können über Schwäche oder Entkräftung klagen.
CENTAURY: In dem Wunsch, anderen zu helfen, werden die eigenen Kräfte, oft unbewußt, überstrapaziert.

OLIVE: Nach körperlicher und / oder seelischer Dauerbelastung sind »die Batterien« leer. Man scheut und fürchtet jeden weiteren Kraftaufwand.

21. Centaury oder Walnut? Beide zeigen Probleme bei der Selbstverwirklichung.
CENTAURY: Man kann nicht nein sagen und läßt sich fremdbestimmen; muß den eigenen Willen stärker entwickeln.
WALNUT: Man läßt sich in Neuorientierungsphasen in innerlich bereits getroffenen Entscheidungen durch Beeinflussung von dritter Seite wieder verunsichern; muß lernen, sich selbst treu zu bleiben.

22. Cerato oder Larch? Beide können zögern, Dinge in Angriff zu nehmen.
CERATO: Weil man kein Vertrauen in die eigene Entscheidung hat und fürchtet, einen Fehler zu machen.
LARCH: Weil man fürchtet, der Aufgabe nicht gewachsen zu sein.

23. Cerato oder Scleranthus? Beide fallen in Entscheidungsfragen immer wieder um.
CERATO: Weil man immer noch weitere Ratschläge von Außenstehenden einholt, die sich naturgemäß auch widersprechen.
SCLERANTHUS: Weil man geistig immer wieder zwischen zwei Alternativen hin und her schwankt. Man versucht, sich im Alleingang zu einer Alternative durchzuringen, fragt andere nicht um Rat.

24. Cerato oder Wild Oat? Beide haben Probleme mit der inneren Orientierung.
CERATO: Man zweifelt an seiner inneren Stimme, verwirft seine intuitive Eingebung immer wieder.
WILD OAT: Man will das Besondere, kann es aber nicht klar definieren; probiert darum vieles aus, ohne echte Befriedigung.

25. Cherry Plum oder Aspen? Beide können in extremen Stadien den Eindruck erwecken, unter einer zwanghaften Beeinflussung zu stehen.
CHERRY PLUM: Man versucht aktiv, das Gefühlschaos zu beherrschen.
ASPEN: Man kann die vermeintliche Bedrohung nicht greifen, leidet passiv.

26. Cherry Plum oder Holly? Beide können unter starkem Gefühlsdruck stehen.

CHERRY PLUM: Man wirkt oft unnatürlich ruhig oder zwanghaft um Beherrschung bemüht. Entgleist zu spät, oft aus nichtigem Anlaß.

HOLLY: Man äußert seine Mißgefühle schnell, läßt aggressiv Dampf ab, in Form von Wut, Ärger oder Jähzorn. Oder man zieht sich mißtrauisch zurück, verhält sich barsch oder ablehnend.

27. Cherry Plum oder Impatiens? Beide erwecken den Eindruck, unter Druck zu stehen.

CHERRY PLUM: Man ringt um Selbstbeherrschung, unterdrückt den Gefühlsausdruck: »Es tickt eine Zeitbombe«.

IMPATIENS: Man steht, teils konstitutionsbedingt, unter Zeitdruck, wirkt gehetzt, wie ein »Sprinter am Start«.

28. Cherry Plum oder Sweet Chestnut? Beide treten oft extrem auf, manchmal kurz hintereinander.

CHERRY PLUM: Man hat Angst, von seinen eigenen Gefühlen überrollt zu werden.

SWEET CHESTNUT: Man erkennt die Ausweglosigkeit einer Situation, verzweifelt, befürchtet das Schlimmste und glaubt daran zu zerbrechen.

29. Chestnut Bud oder Cerato? Beide wirken in den Augen der Mitmenschen oft naiv oder dumm.

CHESTNUT BUD: Man macht immer wieder die gleichen Fehler, weil man die Erfahrung nicht gründlich genug verarbeiten kann. Oft erziehungs- oder konstitutionsbedingte Lernschwäche.

CERATO: Man stellt immer wieder die gleichen Fragen an verschiedene Leute und glaubt – erfolglos –, Probleme allein auf der Verstandesebene lösen zu müssen.

30. Chestnut Bud oder Clematis? Beide klagen häufig über Konzentrationsstörungen.

CHESTNUT BUD: Weil die Gedanken vorauseilen, gelingt es nicht, sich voll auf das jetzt zu lösende Problem zu konzentrieren.

CLEMATIS: Ein großer Teil des Aufmerksamkeitspotentials ist auf einer anderen Ebene gebunden. Es steht zuwenig Energie für die Gegenwartsbewältigung zur Verfügung.

31. Chestnut Bud oder Gentian? Beide zeigen immer wieder Stockungen in ihrer Aktivitätsentfaltung.
CHESTNUT BUD: Man verfällt an gleicher Stelle immer wieder in dieselbe automatische Reaktion, z. B. bei Auseinandersetzungen um das Geld entsteht plötzlich eine Leere im Kopf.
GENTIAN: Man läßt sich von unerwarteten Schwierigkeiten oder gefühlsmäßigen Enttäuschungen so niederdrücken, daß man dazu neigt aufzugeben und sich seelisch wieder aufrappeln muß, bevor man weitermachen kann.

32. Chestnut Bud oder Impatiens? Beide klagen häufig über innere Getriebenheit.
CHESTNUT BUD: Man neigt dazu, den zweiten vor dem ersten Schritt zu tun, und stolpert dabei geistig über seine eigenen Füße.
IMPATIENS: Man rast durch sein Leben, weil man auf keinen Fall Zeit verlieren möchte.

33. Chestnut Bud oder Scleranthus? Beide zeichnen sich durch wechselnde Verhaltensrichtungen aus.
CHESTNUT BUD: Zeigt ein Stop and Go zwischen Lernschritten und Stagnationsphasen.
SCLERANTHUS: Zeigt ein Auf und Ab oder Hin- und Hergerissensein zwischen zwei oft gegenläufigen Reaktionsmustern, z. B. himmelhoch jauchzend – zu Tode betrübt.

34. Chestnut Bud oder Wild Oat? Beide klagen darüber, im Leben nicht wirklich vorwärtszukommen.
CHESTNUT BUD: Weil man Erfahrungen nicht tief genug verarbeiten kann und oft wiederholen muß.
WILD OAT: Weil man trotz mehrerer vielversprechender Ansätze bisher nicht herausfinden konnte, wo die eigentliche Berufung liegt, und seine Kräfte auf Nebenschauplätzen vergeudet.

35. Chestnut Bud oder Wild Rose? Diese Alternative ist zu erwägen, wenn die Einnahme von Chestnut Bud bisher nicht den gewünschten Erfolg gebracht hat. Wild Rose könnte einen möglicherweise der Lernschwäche zugrundeliegenden mangelnden Lebenswillen wieder anfachen. Mehrere Wochen lang einnehmen.

36. Chicory oder Red Chestnut? Beide kümmern sich viel um andere bzw. nehmen sehr viel Anteil am Schicksal anderer Menschen.
CHICORY: Man will sich unentbehrlich machen, oft aufgrund uneinge standener Verlustängste. Man gibt, um zu bekommen; greift unter Umständen zu stark in den Lebensplan der anderen Menschen ein.
RED CHESTNUT: Man neigt zur Verschmelzung mit einer anderen Person, fühlt deren Bedürfnisse unter Umständen stärker als die eigenen bzw. projiziert seine eigenen Ängste und Bedürfnisse auf die andere Person.

37. Chicory oder Vervain? Beide glauben zu wissen, was für einen anderen Menschen gut bzw. verbesserungswürdig ist, und wollen ihn in diesem Sinne überzeugen.
CHICORY: Man verbindet damit die oft unbewußte Absicht, dafür in irgendeiner Form belohnt zu werden.
VERVAIN: Man fühlt sich als Missionar, kämpft für seine gute Sache. Die persönliche Anerkennung spielt eine untergeordnete Rolle.

38. Chicory oder Vine? Beide wollen andere Menschen in ihrem Sinne beeinflussen oder zu einer Handlung veranlassen.
CHICORY: Man setzt den anderen »diplomatisch« unter Zugzwang, macht ihm z. B. ein größeres Geschenk, um im nachhinein einen Gefallen zu erbitten.
VINE: Man äußert seine Wünsche direkt und erwartet, daß sie erfüllt werden.

39. Chicory oder Willow? Beide neigen zeitweise dazu, sich benachteiligt oder betrogen zu fühlen.
CHICORY: Weil man für seine (oft in dem Ausmaß nicht erwünschten) Hilfeleistungen nicht die gebührende Anerkennung bekommen hat: »Die Rechnung ist nicht aufgegangen.«
WILLOW: Weil man vom Schicksal nur Gutes erwartet und enttäuscht ist, wenn es anders kommt. Man ist nicht bereit oder fähig, seinen Eigenanteil an dem Geschehen zu sehen. Die Selbstverantwortung muß entwickelt werden.

40. Clematis oder Honeysuckle? Beide aktivieren zuwenig Energie zur Bewältigung ihrer gegenwärtigen Probleme.

CLEMATIS: Man flüchtet aus der realen Situation in eine spekulative Zukunftsvision oder selbsterschaffene Traumwelt. Stimmungslage: abwesend, uninteressiert.
HONEYSUCKLE: Man mißt die unbefriedigende gegenwärtige Situation an vergangenen glücklichen Tagen und hält sich daran fest. Stimmungslage: wehmütig.

41. Clematis oder Mustard? Beide wirken zeitweise nicht ansprechbar.
CLEMATIS: Man ist in seiner eigenen Welt und möchte dort nicht gestört werden.
MUSTARD: Man ist in ein Schwermutsloch versunken und dort nicht mehr erreichbar.

42. Clematis oder Star of Bethlehem? Beide wirken zeitweise geistig abwesend.
CLEMATIS: Man verweilt »aktiv« auf einer anderen Wahrnehmungsebene, z. B. in einem Tagtraum.
STAR OF BETHLEHEM: Man ist durch eine seelische Erschütterung innerlich noch wie betäubt, kann nicht reagieren.

43. Clematis oder Wild Rose? Beide scheinen wenig Interesse an einer aktiven Veränderung ihrer jetzigen Lebenssituation zu haben.
WILD ROSE: Aufgrund schwachen Lebenswillens. Man läßt vieles einfach geschehen.
CLEMATIS: Aufgrund schwachen Realitätsbewußtseins. Man spekuliert lieber über das, was sein könnte, als sich dem zu stellen, was ist.

44. Crab Apple oder Pine? Beide Zustände treffen sich häufig in dem Gefühl einer selbstverschuldeten körperlichen oder seelischen »Verunreinigung«.
CRAB APPLE: Man fühlt sich verunreinigt und möchte »den Schmutz« so schnell wie möglich wieder loswerden.
PINE: Man wirft sich diese moralische Entgleisung vor, belastet und entwertet sich.
Die Kombination beider Blüten ist oft hilfreich.

45. Crab Apple oder Rock Water? Beide ähneln sich in ihrem oft zwanghaften Verhältnis zur eigenen Körperlichkeit.

CRAB APPLE: Man ekelt sich vor seinem eigenen Körper, z. B. seinem eigenen Schweiß, duscht mehrfach am Tag.
ROCK WATER: Man will »störende Triebe« durch Selbstdisziplin »meistern«.

46. Elm oder Gentian? Beide können mutlos, deprimiert erscheinen, aufgeben wollen.
ELM: In einer vorübergehenden Leistungskrise, hervorgerufen durch andauernde Selbstüberforderung, hat man sich kräftemäßig übernommen.
GENTIAN: Ein unerwarteter Widerstand oder eine Enttäuschung rufen zu schnell das Gefühl der Entmutigung hervor. Man fühlt sich in seiner latenten negativen Erwartungshaltung bestätigt.

47. Elm oder Hornbeam? Beide glauben, daß sie eine vor ihnen liegende Aufgabe nicht bewältigen können.
ELM: Vorübergehender Zustand. Man glaubt, der Verantwortung nicht gewachsen zu sein. Oft ist die gleiche Aufgabe früher mehrfach mit Erfolg gemeistert worden, z. B. eine Projektpräsentation. Hier wird die Aufgabe überbewertet.
HORNBEAM: Man glaubt besonders morgens, man hätte zuwenig Spannkraft, die vor einem liegenden Alltagspflichten – oft Routinetätigkeiten – zu bewältigen. Abends stellt sich heraus, daß man fast alles gut geschafft hat. Aber am nächsten Morgen ist das alte Gefühl wieder da. Hier wird die Aufgabe unterbewertet, ist lästige Pflicht.

48. Elm oder Larch? Beide fürchten zu versagen.
ELM: In einer vorübergehenden Situation und wider besseres Wissen. Man hat ähnliche Aufgaben schon mit Erfolg gemeistert.
LARCH: Man glaubt grundsätzlich, daß man weniger fähig ist als andere. Echte Minderwertigkeitskomplexe durch ständigen Vergleich mit »Erfolgreichen«.

49. Elm oder Olive? Beide haben sich überfordert.
ELM: Weil man sich mit seinen Aufgaben überidentifiziert. Häufiger Fehler: nicht delegieren können.
OLIVE: Infolge starker körperlicher und seelischer Verausgabung fühlt man sich weiteren Anforderungen nicht mehr gewachsen und ist körperlich und seelisch erholungsbedürftig.

50. Gentian oder Larch? Beide geben vorzeitig auf.
GENTIAN: Aus einer pessimistischen Grundhaltung heraus geht einem bei Schwierigkeiten seelisch »schnell die Puste aus«.
LARCH: Man hält sich für unfähig und gibt sozusagen schon auf, bevor man überhaupt recht begonnen hat.

51. Gentian oder Mustard? Beide können depressives Verhalten zeigen.
GENTIAN: Ein konkreter Auslöser ist bekannt, z.B. Enttäuschungen, Schicksalsschläge. In schwacher Ausprägung: pessimistisch skeptische Haltung.
MUSTARD: Ein konkreter Auslöser ist für den Betroffenen nicht faßbar. Der Zustand kommt und geht ohne Vorankündigung und Begründung. In schwacher Ausprägung: unerklärliche innere Schwere oder Antriebsschwäche.

52. Elm oder Gorse? Auch Elm kann in akutem Zustand resigniert erscheinen. Aber:
ELM: Man hat nur Momente der Resignation, bis sich die Perspektive wieder zurechtgerückt hat, man fühlt sich z.B. in einer Krise alt und verbraucht; nach einer kleinen Erholung ist man wieder normal leistungsfähig.
GORSE: Man gibt die Hoffnung auf Besserung oder Veränderung einer Situation eigentlich auf.

53. Gorse oder Gentian? Beide erwarten nichts Gutes.
GORSE: Weil man sich nicht vorstellen kann, wie eine positive Veränderung zustande kommen könnte, z.B. Besserung einer chronischen Krankheit.
GENTIAN: Weil man grundsätzlich von einer negativen Entwicklung ausgeht, oft um sich dadurch Enttäuschungen zu ersparen.

54. Gorse oder Mustard? Beide sind oft eine Belastung für ihre Mitmenschen.
GORSE: Weil sie sich innerlich fallengelassen haben.
MUSTARD: Weil sie in ihrer Schwermut persönlich nicht mehr erreichbar sind.

55. Gorse oder Sweet Chestnut? Beiden erscheint der eigene Zustand hoffnungslos.

GORSE: Man hat resigniert, weil man sich keine andere Möglichkeit vorstellen kann; der Zustand droht chronisch zu werden.

SWEET CHESTNUT: Akute Hoffnungslosigkeit mit tiefster Verzweiflung, weil man keinen Ausweg mehr sieht.

56. Gorse oder Wild Rose? Beide haben offensichtlich resigniert.

GORSE: Man weiß, warum man resigniert hat, und läßt sich u. U. noch einmal motivieren, etwas zu versuchen.

WILD ROSE: Noch tiefer liegende, oft unbewußte Lebensverweigerung, die den Menschen auf bestimmten Ebenen seelisch abschalten läßt.

57. Gorse oder Willow? Beide sehen sich häufig in der Rolle des Opfers.

GORSE: Man ist überzeugt davon, daß man sich mit einer nachteiligen schicksalhaften Situation abfinden muß, »resigniert still«.

WILLOW: Man hadert mit dem Schicksal, das so ungerecht ist, sucht Schuldige und ist verbittert.

58. Heather oder Chicory? Beide zeigen eine starke seelische Bedürftigkeit.

HEATHER: Man braucht die Umwelt als Spiegel und Daseinsbeweis: »das bedürftige Kleinkind«. Selbstbezogen, man kann nicht *geben*, sondern *nimmt* die Energie des Gesprächspartners.

CHICORY: Man braucht die Umwelt als Bühne, um durch die Aktivität für andere Personen eigene Bedürfnisse zu erfüllen. Man gibt, um zu bekommen.

59. Heather oder Mimulus? Der introvertierte Heather-Zustand kann dem Mimulus-Zustand ähneln. Beide strahlen eine selbstbezogene Besorgtheit aus.

HEATHER: Man beschreibt bereitwillig seine Befürchtungen, wenn man darauf angesprochen wird.

MIMULUS: Man spricht eher ungern und zögernd über seine Befürchtungen.

60. Heather oder Vervain? Beide können aufdringlich wirken.
HEATHER: Man spricht ausschließlich über sich und die eigenen Angelegenheiten.
VERVAIN: Man spricht eindringlich über eine »gute Sache«, will andere dazu bekehren.

61. Holly oder Chicory? Beide sind in ihren Gefühlen verletzt oder enttäuscht worden.
HOLLY: Weil die eigenen positiven Gefühlsäußerungen in der Vergangenheit oft nicht beachtet oder mißverstanden wurden, reagiert man heute gefühlsmäßig irritiert, gereizt, mißtrauisch oder rachsüchtig.
CHICORY: Weil man in der Vergangenheit nicht genügend Zuwendung und Entfaltungsmöglichkeiten bekam, »handelt« man jetzt mit seiner Zuwendung. Man investiert, gibt um zu bekommen.

62. Holly oder Impatiens? Beide können heftig oder überschießend reagieren.
HOLLY: Man kann aus Ärger oder Wut zornig bis jähzornig werden, beruhigt sich zwar wieder – aber der Ärger besteht latent weiter.
IMPATIENS: Man geht, naturellbedingt, leicht an die Decke, wenn die Umgebung mit der eigenen inneren Geschwindigkeit nicht Schritt halten kann. Der Zorn verraucht so schnell, wie er gekommen ist. Man trägt nicht nach.

63. Holly oder Vine? Beide können starke Persönlichkeiten sein.
HOLLY: Hier überwiegen die Gefühle; feurige Ausstrahlung.
VINE: Hier überwiegt der Wille; kalte Ausstrahlung.

64. Holly oder Willow? Beide können leicht beleidigt reagieren.
HOLLY: Weil man gefühlsmäßig empfindlich ist und Äußerungen anderer leicht als Verletzung erfährt oder mißdeutet.
WILLOW: Weil man etwas anderes erwartet hat und sich nun falsch behandelt fühlt.

65. Honeysuckle oder Gorse? Beide wirken oft verhalten oder gedämpft.
HONEYSUCKLE: Weil man sich aus der Gegenwart gedanklich in die Vergangenheit zurückgezogen hat.
GORSE: Weil man in Resignation verfallen ist.

66. Honeysuckle oder Mustard? Beide wirken oft abwesend oder schwer erreichbar.

HONEYSUCKLE: Weil man sich geistig-seelisch nach rückwärts gewandt hat.

MUSTARD: Weil man durch eine schwarze Wolke von seiner Umgebung isoliert ist.

67. Honeysuckle oder Star of Bethlehem? Beide Blüten sind bei der Verarbeitung unbewältigter seelischer Erlebnisse sehr hilfreich.

HONEYSUCKLE: Wenn man das Erlebnis noch bildhaft in allen Einzelheiten vor sich sieht.

STAR OF BETHLEHEM: Wenn man das Erlebnis gar nicht mehr anschauen möchte, am liebsten nicht daran rühren würde.

68. Honeysuckle oder Wild Rose? Wenn diese Blüten spontan gewählt wurden, können beide Zustände völlig unterschwellig vorhanden und im Gespräch zunächst nicht nachvollziehbar sein.

HONEYSUCKLE: Signalisiert dann ein sehr weit zurück liegendes, unverarbeitetes seelisches Erlebnis.

WILD ROSE: Läßt dann darauf schließen, daß man sich längst aufgegeben hat.

In diesen Fällen die Blüten einige Wochen einnehmen.

69. Hornbeam oder Gorse? Beide können antriebsschwach wirken.

HORNBEAM: Weil man glaubt, für die zu erbringende Leistung zuwenig Kraft zu haben.

GORSE: Weil man in einer weiteren Aktivität keinen Sinn mehr sieht.

70. Hornbeam oder Larch? Beide meinen, gewisse Aufgaben nicht bewältigen zu können.

HORNBEAM: Weil man glaubt, zuwenig eigenen Schwung zu haben. Sucht Unterstützung in Stimulantien, z. B. Kaffee, Tee, Zigaretten, Telefongesprächen.

LARCH: Weil man überzeugt davon ist, nicht die nötigen Fähigkeiten zu besitzen.

71. Hornbeam oder Olive? Beide klagen über Erschöpfung, Überforderung, Kraftlosigkeit.

HORNBEAM: Weil der Tageslauf zu gleichförmig ist, zuwenig Wechsel zwischen Spannung und Entspannung enthält, erlahmt der Geist. Unerwartete Anforderungen bringen sofort Auftrieb.

OLIVE: Weil man große Anstrengungen hinter sich hat, möchte man sich erholen und scheut jede weitere Aktivität.

72. Hornbeam oder Wild Rose? Beide haben Mühe, sich aufzuraffen.

HORNBEAM: Weil die innere Spannkraft erlahmt ist, werden Impulse von außen gesucht, z. B. Stimulantien, Telefongespräche u. ä.

WILD ROSE: Weil auf einer tieferen Ebene die Motivation erloschen ist, wird hier keine Veränderung mehr angestrebt, von sich aus nichts mehr unternommen.

73. Impatiens oder Rock Rose? Beide können hektisch erscheinen.

IMPATIENS: Weil man innerlich »mit Vollgas fährt« und alles so schnell wie möglich erledigen möchte; langsame Mitmenschen nerven.

ROCK ROSE: Weil man innerlich in Panik ist und den Überblick verloren hat.

74. Impatiens oder Vervain? Beide vermitteln häufig den Eindruck der inneren Getriebenheit.

IMPATIENS: Weil man alles möglichst rasch erledigen möchte.

VERVAIN: Weil man von einem Plan oder einer Idee wie besessen ist und auf die Verwirklichung drängt.

75. Larch oder Gorse? Beide meinen, an bestimmten Situationen nichts mehr ändern zu können.

LARCH: Weil man glaubt, nicht die entsprechenden Fähigkeiten zu haben.

GORSE: Weil man die Situation selbst als hoffnungslos einschätzt.

76. Larch oder Mimulus? Beide wollen bestimmte Aufgaben nicht in Angriff nehmen.

LARCH: Weil man überzeugt ist, der Aufgabe nicht gewachsen zu sein.

MIMULUS: Weil die Vorstellung darüber, was alles passieren könnte, verzagt macht.

77. Larch oder Wild Rose? Beide sagen oft, sie hätten sich mit einem Umstand abgefunden.
LARCH: Aufgrund eines Minderwertigkeitskomplexes.
WILD ROSE: Aufgrund allgemeiner apathischer Lebenshaltung.

78. Mimulus oder Centaury? Beide können »schwach« wirken.
MIMULUS: Durch das ängstliche Grundnaturell.
CENTAURY: Durch den Mangel an Willen und Selbstbehauptungskraft.

79. Mimulus oder Cherry Plum? Beide haben Ängste, über die sie nicht gern sprechen.
MIMULUS: Man kennt seine Ängste und kann sie beschreiben, wenn man danach gefragt wird.
CHERRY PLUM: Es fällt schwer, die Ängste zu beschreiben, weil man fürchtet, von ihnen überwältigt zu werden, wenn man über sie spricht.

80. Mimulus oder Red Chestnut? Beide können ihre Ängste beschreiben.
MIMULUS: Die Ängste drehen sich um Themen der eigenen Lebensbewältigung.
RED CHESTNUT: Die Ängste beziehen sich auf die Lebensbewältigung anderer nahestehender Personen.

81. Mimulus oder Rock Rose? Beide haben Angst.
MIMULUS: Man hat noch so viel Abstand zu seinen Ängsten, daß man sie beschreiben und eventuell Gegenmaßnahmen ergreifen kann.
ROCK ROSE: Man ist völlig von seinen Ängsten überrannt, reagiert kopflos und panisch, weiß sich im Moment nicht zu helfen.
Rock Rose wirkt auf die akuteste unter den von Bach beschriebenen Ängsten, daher auch wichtiger Bestandteil der Notfalltropfen.

82. Mimulus oder Star of Bethlehem? Wenn als Grundmuster im Charakter vorhanden, strahlen beide eine gewisse Empfindlichkeit bzw. Verletzlichkeit aus.
MIMULUS: Weil man ein gefürchtetes Ereignis vermeiden möchte, versucht man, so lange wie möglich auszuweichen.

STAR OF BETHLEHEM: Weil man an gewissen »wunden Punkten« nicht wieder schmerzhaft berührt werden möchte, versucht man, sich im voraus dagegen abzuschotten.

83. Mustard oder Star of Bethlehem? Beide können schwer ansprechbar, wie gelähmt wirken.
MUSTARD: Hier steht die Schwerfälligkeit im Vordergrund: Man ist wie von einer schwarzen Wolke niedergedrückt.
STAR OF BETHLEHEM: Hier steht die Starrheit im Vordergrund. Man hat sich von einem »Schlag« noch nicht erholt.

84. Mustard oder Sweet Chestnut? Beide fühlen sich in ihrer Situation gefangen und sehen keinen Ausweg.
MUSTARD: Man weiß nicht, warum und woher der Zustand kommt – erleidet ihn passiv.
SWEET CHESTNUT: Man steht bewußt und noch aktiv am Endpunkt eines verzweifelten Kampfes und fürchtet, daran zu zerbrechen.

85. Mustard oder Wild Rose? Beide lassen eine gewisse apathische Teilnahmslosigkeit erkennen.
MUSTARD: Weil man in Schwermut versunken ist, die vorübergehend vom aktiven Leben isoliert.
WILD ROSE: Weil man in gewissen Lebensbereichen aufgegeben hat, nicht mehr motivierbar ist.

86. Oak oder Elm? Beide neigen dazu, sich übermäßig zu verausgaben.
OAK:Weil man sich verpflichtet fühlt, einmal begonnene Angelegenheiten in jedem Fall zum Abschluß zu bringen oder gegebene Versprechen »trotz veränderter Umstände« unbedingt einzuhalten.
ELM: Weil man wegen eines überstarken Verantwortungsgefühls seine persönlichen Leistungsgrenzen nicht wahrhaben möchte.

87. Oak oder Rock Water? Beide werden von ihrer Umwelt oft als »stur« erlebt.
OAK: Weil man einmal gefaßte Entschlüsse grundsätzlich bis zum (bitteren) Ende durchkämpfen muß, selbst wenn veränderte Umstände sie fragwürdig gemacht haben.

ROCK WATER: Weil man eisern an seinen eigenen Prinzipien festhält, selbst wenn man sich dabei Zwang antut.

88. Oak oder Vervain? Beide strapazieren ihre Kräfte zeitweise bis zum äußersten.
OAK: Weil man um jeden Preis durchhalten muß.
VERVAIN: Weil man aus Begeisterung alles hundertfünfzigprozentig machen möchte.

89. Oak oder Vine? Beide zeigen sich unnachgiebig.
OAK: Sich selbst gegenüber – weil man seine Pflichten unbedingt erfüllen will.
VINE: Der Umwelt gegenüber – weil man seine eigenen Interessen unbedingt durchsetzen will.

90. Olive oder Gorse? Beide sagen, sie können sich zu nichts mehr aufraffen.
OLIVE: Weil man erschöpft ist.
GORSE: Weil man resigniert hat.

91. Olive oder Mustard? Im Extremzustand sind beide nahezu aktionsunfähig.
OLIVE: Weil man alle Kraftreserven verbraucht hat.
MUSTARD: Weil man sich wie von einer schwarzen Wolke eingehüllt fühlt und sich aus eigener Kraft nicht befreien kann.

92. Olive oder Oak? Für beide ist die Arbeit oft eine schwere Last oder ungeliebte Pflicht.
OLIVE: Weil man nicht mehr kann und erholungsbedürftig ist.
OAK: Weil durch übertriebene Ausdauer die Motivation verlorenging.
Oft geht ein langanhaltender Oak-Zustand in einen Olive-Zustand über.

93. Olive oder Wild Rose? Beide können sich initiativelos zeigen.
OLIVE: Aus Erschöpfung.
WILD ROSE: Aus unbewußter Lebensmüdigkeit.

94. Pine oder Larch? Beide fühlen sich häufig wertlos.
PINE: Weil man seinen überhöhten moralischen Wertmaßstäben nicht genügt. Die Selbstakzeptanz fehlt.

LARCH: Weil man glaubt, weniger fähig als andere zu sein. Das Selbstvertrauen fehlt.

95. Pine oder Mimulus? Beide leben oft in einer ängstlichen Erwartungshaltung.
PINE: Man fürchtet, irgend etwas zu verschulden und Vorwürfe zu bekommen.
MIMULUS: Man ängstigt sich jeweils vor seinem nächsten »unangenehmen« Tagesereignis.

96. Pine oder Oak? Beide verlangen sehr viel von sich selbst.
PINE: Man versucht, seinen übersteigerten moralischen Wertmaßstäben gerecht zu werden.
OAK: Man versucht, seinen übersteigerten Selbstverpflichtungsansprüchen zu genügen.

97. Pine oder Rock Water? Beide üben Verzicht, unterdrücken ihre Bedürfnisse.
PINE: Weil man glaubt, man hätte die Bedürfniserfüllung nicht verdient.
ROCK WATER: Weil man glaubt, durch diese »Disziplinierung« ein edlerer oder besserer Mensch zu werden.

98. Red Chestnut oder Centaury? Beide lassen sich häufig fremdbestimmen.
RED CHESTNUT: Durch eine zu starke seelische Verbindung mit einem anderen Menschen.
CENTAURY: Weil man sich widerstandslos dem stärkeren Willen einer Person unterwirft.

99. Red Chestnut oder Honeysuckle? Beiden fällt es schwer, sich innerlich von einem Menschen zu trennen.
RED CHESTNUT: Weil man mit dem anderen wie mit einer »energetischen Schnur« verbunden ist.
HONEYSUCKLE: Weil man am Vergangenen festhalten möchte, eine Veränderung innerlich nicht akzeptiert.

100. Red Chestnut oder Rock Rose? Beide können panische Angst entwickeln.
RED CHESTNUT: Um eine andere Person.
ROCK ROSE: In einer eigenen schwierigen Situation.

101. Rock Rose oder Cherry Plum? Beide können eine extreme Angstspannung entwickeln.
ROCK ROSE: Weil man sich in einer akuten Bedrohungssituation bis zum äußersten erregt.
CHERRY PLUM: Weil man fürchtet, ein aufkommendes Gefühlschaos nicht unter Kontrolle halten zu können.
Beide Blüten sind Bestandteil der Notfalltropfen.

102. Rock Rose oder Star of Bethlehem? Beide Zustände werden vielfach verwechselt, weil sie häufig ineinander übergehen.
ROCK ROSE: Die durch einen Schock ausgelöste, aktive Panikreaktion (Bewegungssturm), man reagiert zum Beispiel mit einem Schrei.
STAR OF BETHLEHEM: Die durch einen Schock ausgelöste »Schrecksekunde« (Totstellreflex), ein passiver Zustand der Betäubung oder Erstarrung. Man kann gar nicht reagieren.
Beide Blüten sind Bestandteil der Notfalltropfen.

103. Rock Rose oder Sweet Chestnut? In beiden Zuständen kommt man gefühlsmäßig an seine Grenzen und sieht keinen Ausweg.
ROCK ROSE: In einer akuten Angstsituation gerät man in Panik, reagiert kopflos.
SWEET CHESTNUT: Man hat sich in eine extreme Krisensituation hineinmanövriert, weiß zur Zeit nicht, wie man herauskommen soll und fürchtet, daran zu zerbrechen.
In extremen Situationen kann es hilfreich sein, Rock Rose mit Sweet Chestnut zu kombinieren.

104. Rock Water oder Cherry Plum? Für beide heißt das Thema Selbstunterdrückung.
ROCK WATER: Man möchte seine Triebe und Wünsche beherrschen.
CHERRY PLUM: Man möchte sein Gefühlschaos beherrschen.

105. Rock Water oder Heather? Beide können selbstbezogen wirken.
ROCK WATER: Weil man sehr aktiv mit eigenen Maßnahmen und Disziplinen beschäftigt ist.
HEATHER: Weil man zuwenig seelische Kraftreserven hat und diese für sich selbst braucht.

106. Rock Water oder Vervain? Beide sind offen für Verbesserungstheorien und Fortschrittsideen.
ROCK WATER: Man nutzt sie egozentrisch, für eigene Vervollkommnungspläne.
VERVAIN: Weil man begeistert davon ist, möchte man am liebsten seine ganze Umgebung dafür gewinnen.

107. Rock Water oder Vine? Beide fordern und verlangen viel.
ROCK WATER: Von sich – in puncto Selbstdisziplin.
VINE: Von anderen – um dadurch seine eigenen Pläne zu verwirklichen.

108. Scleranthus oder Wild Oat? Beide haben Entscheidungsprobleme.
SCLERANTHUS: Man ist hin- und hergerissen, weil mal das eine, mal das andere als richtig erscheint.
WILD OAT: Man möchte sich nicht endgültig festlegen, weil man mangels klarer Zielvorstellungen stets auf der Suche nach einer noch besseren Lösung ist.

109. Star of Bethlehem oder Willow? Beide fühlen sich in ihrer Situation machtlos.
STAR OF BETHLEHEM: Weil man so geschockt ist, daß man nicht sofort reagieren kann.
WILLOW: Weil man sich vom Schicksal ungerecht behandelt fühlt und den eigenen Anteil am Geschehen nicht zu sehen vermag.

110. Star of Bethlehem oder Sweet Chestnut? Beide erscheinen vorübergehend aktionsunfähig.
STAR OF BETHLEHEM: Weil man einen »Schlag« noch nicht verkraftet hat.

SWEET CHESTNUT: Weil man »mit seinem Latein am Ende« ist und nicht weiß, welche Maßnahmen man jetzt noch ergreifen könnte.

111. Sweet Chestnut oder Elm? Beide haben die Befürchtung, unter den Belastungen zu zerbrechen.
SWEET CHESTNUT: In einer tiefen Lebenskrise. Man muß wahrscheinlich wesentliche Lebensentscheidungen revidieren.
ELM: Kurzfristig in einer Leistungskrise. Man muß seinen Arbeitsstil ändern.

112. Sweet Chestnut oder Gentian? Beide sehen nur noch schwarz.
SWEET CHESTNUT: Akut, in einer schweren Lebenskrise.
GENTIAN: Wiederholt, aufgrund einer skeptischen, negativen Erwartungshaltung.

113. Vervain oder Vine? Beide zeigen starke Zielstrebigkeit und Willenskraft.
VERVAIN: Das Ziel ist altruistisch. Andere Menschen sollen von einer als gut befundenen Idee überzeugt werden.
VINE: Das Ziel ist egoistisch. Andere Menschen werden für die Verwirklichung eigener Pläne benutzt.

114. Vine oder Water Violet? Beide können stolz oder arrogant wirken.
VINE: Mit aggressiver Note.
WATER VIOLET: Mit souverän zurückhaltender Note.

115. Walnut oder Aspen? Beide können das Gefühl haben, »unter Einfluß zu stehen«.
WALNUT: Unter dem Einfluß von Autoritätspersonen, geltenden Lehrmeinungen, Konventionen, Gelübden, Schwüren. Man muß sich von diesem Bann freimachen.
ASPEN: Unter dem Einfluß von selbstgeschaffenen Angstphantasiegebilden, z. B. Gespenstern. Man muß mehr Realitätsbewußtsein entwickeln.

116. Walnut oder Cerato? Beide lassen sich von ihrer eigenen Meinung abbringen.

WALNUT: In Situationen des Umbruchs oder Neubeginns, weil man noch zuwenig eigene Erfahrungswerte hat.
CERATO: Weil man jede fremde Meinung höher bewertet als den eigenen Einfall.

117. Walnut oder Red Chestnut? Beide lassen sich zu stark beeinflussen.
WALNUT: Weil sich die eigene Persönlichkeit in einer neuen Entwicklungsphase befindet und darum labil ist.
RED CHESTNUT: Weil man innerlich nicht frei ist, sondern von einer nahestehenden Person seelisch abhängig ist (passiver Red-Chestnut-Zustand).

118. Water Violet oder Impatiens? Beide arbeiten gern unabhängig.
WATER VIOLET: Weil man allein besser seinem individuellen Arbeitsstil folgen kann.
IMPATIENS: Weil man ein schnelleres Arbeitstempo hat.

119. Water Violet oder Larch? Beide halten sich eher zurück.
WATER VIOLET: Weil man einen gewissen inneren Abstand von seiner Umwelt braucht.
LARCH: Weil man sich für unbedeutend oder weniger fähig hält.

120. Water Violet oder Mimulus? Beide haben Schwierigkeiten mit »der Masse«.
WATER VIOLET: Weil man sich nicht zugehörig fühlt.
MIMULUS: Weil der Selbstschutz anstrengend ist und Kraft kostet.

121. Water Violet oder Mustard? Beide können unzugänglich wirken.
WATER VIOLET: Weil man sich innerlich zurückgezogen hat.
MUSTARD: Weil man in Schwermut versunken ist.

122. White Chestnut oder Cherry Plum? Beide scheinen stark unter Druck zu stehen.
WHITE CHESTNUT: Unter Gedankendruck.
CHERRY PLUM: Unter Gefühlsdruck.

123. White Chestnut oder Crab Apple? Beide sind irritiert bzw. fixiert.

WHITE CHESTNUT: Im Denken: weil man unerwünschte Gedanken nicht abschalten kann.

CRAB APPLE: Im Empfinden: weil man kleine Abweichungen von seiner gewohnten Ordnung unbedingt berichtigen muß, bevor man sich seiner eigentlichen Aufgabe zuwenden kann.

124. White Chestnut oder Impatiens? Beide stehen unter Druck.

WHITE CHESTNUT: Unter Gedankendruck.

IMPATIENS: Unter Zeitdruck.

125. Wild Oat oder Gentian? Beide sind immer wieder frustriert.

WILD OAT: Weil trotz erfolgreicher Tätigkeit innere Unsicherheit über das Ziel besteht.

GENTIAN: Weil man unsicher wird, sobald bei einem Vorhaben die ersten Widerstände auftreten.

126. Wild Rose oder Centaury? Beide wirken oft schwach, wenig vital – klagen aber nicht darüber.

WILD ROSE: Aufgrund schwacher Lebensmotivation.

CENTAURY: Aufgrund schwacher Selbstbehauptungskraft.

127. Wild Rose oder Star of Bethlehem? Beide können apathisch wirken.

WILD ROSE: Aufgrund mangelnder seelischer Vitalität.

STAR OF BETHLEHEM: Aufgrund eines noch nicht verarbeiteten schockierenden Ereignisses.

Kapitel 6

Rezeptbausteine zur Anregung für individuelle Bach-Blütenmischungen

Es ist schwer, Gefühle exakt in Worte zu fassen. Die Erfahrung zeigt, daß verschiedene Menschen mit der gleichen Formulierung unterschiedliche Vorstellungen verbinden. Zum Beispiel wird das Wort »Abgrenzung« von dem einen positiv und vom anderen negativ erlebt. Daher kann es in einem Bach-Blütengespräch zu Wortklaubereien um Begrifflichkeiten kommen, in denen die Wahrnehmung für die wirklichen Gefühle aus den Augen verloren wird.

Aus diesem Grund sind in der folgenden Kurzübersicht die häufigsten Problemkreise zunächst in größeren Gruppen zusammengefaßt (siehe Seite 169).

Dann wird zur Erleichterung der Diskussion das gleiche Problem in jeweils unterschiedlichen Worten ausgedrückt, z. B. Minderwertigkeitsgefühle/Selbstwertkrisen.

Neben jedem Begriff steht jeweils eine Seitenzahl, auf der Sie im anschließenden Register der Bach-Blütenbausteine verschiedene Alternativangaben finden, aus denen Sie Ihre individuelle Mischung zusammenstellen können. Sollte für Ihre persönliche Situation keine Alternative dabeisein, so benutzen Sie diese Formulierungen immerhin als Anregung, um Ihren individuellen Gefühlen besser auf die Spur zu kommen.

Anleitung zum Arbeiten mit den Rezeptbausteinen

1. Schritt: Lesen Sie sich zunächst die Reaktionsmustergruppen auf Seite 169 durch und finden Sie heraus, welche Sie oder Ihren Gesprächspartner am meisten betreffen.

2. *Schritt:* Schlagen Sie auf den angegebenen Seiten nach, und prüfen Sie die Alternativen.

3. *Schritt:* Setzen Sie Ihre individuelle Mischung zusammen. Sollte Ihnen zu diesen ausgewählten Blütenbausteinen noch eine weitere für Sie persönlich typische Blüte in den Sinn kommen, so fügen Sie diese Ihrer Mischung hinzu.

4. *Schritt:* Nehmen Sie diese Mischung fünf Tage lang ein. Entweder ist dann eine spürbare Reaktion zu verzeichnen, oder die Zusammensetzung muß neu überdacht werden.

Beispiel:

Ich habe erkannt, daß ich meinen Arbeitsstil umstellen muß, weil ich organisatorisch nicht mehr klarkomme, finde aber trotz dieser Erkenntnis nicht den Ansatz, es wirklich zu tun. Ich reagiere mit **mangelnder Motivation,** meine, **nicht mehr die Kraft zu haben,** eine Änderung **durchzuhalten**. Außerdem stelle ich fest, daß ich sowieso alles, was ich mir vorgenommen habe, sofort **wieder vergesse**. Auch habe ich **Angst** vor der Umstellung, da ich **nicht voraussehen** kann, wie es danach sein wird.

Ich schlage nach und entscheide mich für folgende Alternativen:

»Angst vor dem Ungewissen«	Aspen und Mimulus
»Mangelnde Motivation mit Trägheitsgefühl«	Wild Rose und Hornbeam
»Geringe Belastbarkeit, mangelndes Durchhaltevermögen, weil ich mich zu sehr verausgabt habe«	Olive und Hornbeam
»Konzentrationsprobleme, Unordnung«,	
• »weil ich zu erschöpft bin«	Olive und Hornbeam
• »weil ich zuviel im Kopf habe«:	Hornbeam und White Chestnut
Die Mischung für meine aktuelle Situation würde lauten	Mimulus, Aspen, Wild Rose, Olive, Hornbeam
Falls sich kreisende Gedanken einstellen:	auch noch White Chestnut, evtl. im Wasserglas

Als persönliche Blüte setze ich Vervain der Mischung zu, da ich mich mit meinem starken Willen oft selbst blockiere.

Mit dieser Mischung sollte es mir möglich sein, in einigen Tagen den Einstieg in die gewünschte Umstellung meines Arbeitsstils zu finden.

Achtung:

Es ist nicht empfehlenswert, die Bach-Blütenbausteine direkt mit den Symptomen im blockierten Zustand auf den Seiten der Mittelbeschreibung zu vergleichen, da dort nur reine Reaktionsmuster beschrieben werden. Die Bausteine hingegen sind vielfach Kombinationen von verschiedenen Reaktionsmustern, also gemischte Seelenzustände, die in bestimmten Situationen erfahrungsgemäß auftreten können (aber nicht müssen).

Reaktionsmustergruppen zur ersten Orientierung: Was trifft auf mich zu?

Die Symbole dienen zur Vorsortierung der in Frage kommenden Reaktionsmustergruppen. Falls eine mit einem ▲ gekennzeichnete Gruppe auf Sie zutrifft, lesen Sie auch die anderen mit ▲ markierten Stichwörter.

■ *Reaktionsmusterruppen mit schwachem, gedämpftem Grundgefühl*
● *Reaktionsmustergruppen mit angespanntem, übersteigertem Grundgefühl*
▲ *Reaktionsmustergruppen mit schwankendem, labilem Grundgefühl*
❁ *Reaktionsmustergruppen verschiedener Problemkreise*

Rezeptbausteine

Abhängigkeitsprobleme

man fragt andere, was man tun soll	Cer
weil man zu gutmütig ist	Cent
weil man glaubt, andere seien fähiger	La
weil man sich in alle möglichen Beziehungen verstrickt hat	Chi
von den Stimmungen und Launen anderer	Waln, StoB, Wil
man glaubt, machtlos zu sein	Wil
man glaubt irrtümlich, ein Opfer bringen zu müssen	Wil, Pi
von der Atmosphäre der Umgebung	Agr, Asp
aus überstarker Bindung an einen anderen Menschen	RedCh, Waln
von einem ehemaligen Partner	Honeys, RedCh
man fühlt sich unterdrückt	Wil, Vi

Ablenkbar, zersplittert, inkonsequent reagieren

weil man immer auf der Suche nach der noch besseren Lösung ist	WOat
durch äußerliche Kleinigkeiten	CrAp
weil man mehrere Ideen gleichzeitig verfolgen möchte	WOat, Scle
weil man Dinge tut, die man eigentlich nicht tun möchte	Cent, Cer
weil man lieber etwas anderes tun möchte	Clem, Cent
weil man wie ein Rohr im Wind auf alle Einflüsse reagiert	Scle
weil man seiner eigenen Meinung nicht traut	Cer
weil man Ängste und Befürchtungen hat	Asp, Mim
weil man nicht wirklich hinter der Sache steht	Gent, Cer, WOat
weil man es allen recht machen will	Agr, Scle, Cent
weil man seine Entscheidung immer wieder anzweifelt	Cer, Scle
weil man kein klares Ziel vor Augen hat	WOat
weil man eigentlich nicht wirklich an das glaubt, was man tut	Gor, Gent

Aggressives Verhalten / Ärger

um den eigenen Willen durchzusetzen	Hol, Vi
aus Ungeduld	Hol, Imp
aus Verbitterung	Hol, Wil
unerwartet, aus heiterem Himmel	Hol, ChePl

Akute Lebenskrise, Verzweiflung

auf dem Höhepunkt	SwCh, Rr
man ist noch wie betäubt	StoB, SwCh
man schwankt, ob man sich in die Situation fügen soll	Scle, WaVi
mit Selbstzweifeln	SwCh, Cer, La
mit Schuldgefühlen	SwCh, Pi
man sieht momentan keinen Sinn mehr	StoB, Gor, Must
man ist völlig überarbeitet	Oak, Ol, SwCh
man kann sich an die neue Situation noch nicht gewöhnen	Honeys, Waln

Alpträume

mit Angst vor der Nacht	Mim, Asp
man erwacht mit panischer Angst	Asp, RRose
durch unverarbeitete Ereignisse	Asp, StoB
mit Schuldgefühlen	Asp, Pi

Ängste

Furcht vor konkreten Situationen und Dingen, z. B. Krankheit, Zahnarztbesuch, Lärmbelästigung, Fahrstuhlfahren	Mim
mit innerer Panik, jede Zelle vibriert	RRose
durchzudrehen, gewalttätig oder verrückt zu werden	ChePl
um Angehörige, Freunde etc.	RedCh
irrationale Ängste, z. B. im Dunkeln	Asp
vor Spinnen und Mäusen	Asp, Mim
vor dem Ungewissen	Asp, Mim
vor Prophezeiungen	Asp
Angst vor der Angst	ChePl, Asp
vor Ansteckung, Schmutz u. ä.	Asp, CrAp

vor schlechten Schwingungen	Asp, CrAp
enttäuscht zu werden	Mim, Gent, StoB
seelisch verletzt zu werden	Mim, Hol
die wahren Gefühle zu zeigen	Mim, Agr
durchschaut zu werden	Mim, Pi, Agr
Fehler zu machen	Mim, Pi, Cer
Versagensängste	Mim, La, Wil
Angstgedanken kreisen im Kopf	Mim, WhiCh
vor Auseinandersetzungen	Mim, StoB, Agr, Cent
vor eigenen unbewußten Gefühlen	ChePl, Agr
allein zu sein	Mim, Hea
andere zu verletzen	Mim, Hol, Pi
vor Fehlentscheidungen	Mim, Cer
Beziehungen aufzugeben oder zu verändern	Mim, Chi, Honeys, Waln
vor Erschöpfung, Anstrengung	Mim, Ol, Hornb
vor Nähe, engem Kontakt	Mim, WaVi
zu kurz zu kommen	Mim, Hea, Chi, Hol
man fürchtet, die Gedanken nicht mehr beherrschen zu können (zum Arzt schicken!)	ChePl, SwCh, WhiCh
Angst vor dem Fliegen	RRose, ChePl, Wil, Agr

Anpassungsschwierigkeiten

Reisekrankheit	RR, Scle, Honeys
Witterungsumschwünge	Scle, Waln, Hornb
an neue Menschen	Wil, WaVi, ChBud, WOat

Autoritäts- und Durchsetzungsprobleme

man hat Schwierigkeiten mit Führungspersonen	Vi
man meint, sich um jeden Preis durchsetzen zu müssen	Vi, Hol
man will andere zu seiner Meinung bekehren	Verv
man will andere zu ihrem Glück zwingen	Verv, Vi
man weiß nicht, was man will, wenn stärkere Persönlichkeiten anwesend sind	Cent

man läßt sich zuviel vorschreiben, weil man anderen mehr zutraut	La, Cer
man versucht seine Ideen über andere oder auf indirektem Wege durchzusetzen	Vi, Chi
man muß lernen sich durchzusetzen	Vi, Cent
man hat Schuldgefühle, wenn man sich durchsetzt	Vi, Pi
man möchte andere nicht verletzen	Cent, Agr, Pi

Depressive Gefühle, Niedergeschlagenheit

periodische Melancholie, man sitzt im Loch	Must
durch Rückschläge und Enttäuschungen	Gent
mit Erschöpfung	Gent, Ol
mit Schlafstörungen	Must, WhiCh, Gent
weil man keine Perspektive sieht, z. B. chronisch Kranke	Must, Gent, Gor
weil man innerlich aufgegeben hat	WRose, Must
mit Selbstvorwürfen	Must, Pi
durch Sorgen um einen anderen Menschen	RedCh, Gent
durch schwere Vergangenheitsbelastung	Honeys, Must, Wil

Egoistisch, egozentrisch reagieren

man kreist nur um sich	Hea
man will immer seinen Kopf durchsetzen	Vi
man spricht fast nur von sich	Hea
man läßt nur seine eigene Meinung gelten	Verv, Vi
man belächelt Durchschnittstypen	Bee, RWat
man glaubt, etwas fordern zu können	Chi, Wil
man glaubt, die anderen seien unfähig	Bee, Vi
man betrachtet andere als Schachfiguren	Chi
man ist übermäßig besorgt um sich	Hea, CrAp
man grübelt viel über sich nach	Hea, Mim, WhiCh
man denkt, man sollte egoistischer sein	Cent, RedCh

Empfindlich, zu sensibel sein

gegen Beleidigungen, Kränkungen	Hol
wegen nicht erfüllter Gefühlserwartungen	Chi
gegen fehlende Ordnung und Struktur	CrAp

gegen Kritik	La, Bee
gegen zuviel Lärm, Licht, Gerüche etc.	Mim
gegen Unterbrechungen	Imp, Verv
gegen Streitigkeiten	Agr, Mim
gegen Anschuldigungen	Pi, Hea
gegen Wetterwechsel	Scle
gegen Ausstrahlungen in der Umgebung	Asp
wie ein rohes Ei	StoB, Hea
wenn die eigenen Pläne von anderen hinterfragt werden	Waln
gegen Widerspruch	Vi, La
man kann fremde Gefühle nicht von eigenen trennen	RedCh, Waln
gegen Widerstände	Cent, Mim

Entscheidungsprobleme

weil die innere Zielsetzung unklar ist	WOat
weil man über das Vorgehen schwankt	Scle
weil man hin- und hergerissen zwischen zwei Möglichkeiten ist	Scle
weil man seine Entscheidung immer wieder anzweifelt	Cer, ChBud, Gent
weil man fürchtet, den Folgen nicht gewachsen zu sein	Mim, Elm, Scle
weil man Angst vor Fehlentscheidungen hat	Mim, Cer, Gent
weil man eine vergangene Situation noch nicht verarbeitet hat	Honeys, Waln
weil man abhängig von einer anderen Person ist	RedCh, Scle
weil man einen Schock noch nicht verkraftet hat	StoB

Erschöpfungsprobleme, Überforderung

durch anhaltenden Leistungsstreß	Ol, Oak
durch eingefahrene Alltagspflichten	Ol, Hornb
durch geistige Überforderung	Ol, Cer, ChBud, Hornb
durch mangelndes Selbstvertrauen	La, Mim

durch zu viele Verantwortungsbereiche	Ol, Elm
durch übertriebene Anstrengungen	Ol, Verv
durch zu hohe Anforderungen an sich selbst	Ol, RWat, Verv
mit Niedergeschlagenheit	Gor, Must, Gent
mit Ängstlichkeit	Ol, Mim
durch die eigene Unfähigkeit, nein zu sagen	Ol, Cent
mit Panik	Ol, RRose

Geringe Belastbarkeit, mangelndes Durchhaltevermögen

weil man sich sehr verausgabt hat	Ol, Hornb
weil man nicht mehr an die Zukunft glaubt	Cer, Gor, Gent
weil man eine geheime Angst oder einen Kummer mit sich herumträgt	Agr, Mim
weil man nicht mehr aus noch ein weiß	RRose, Cer, SwCh
weil man sehr empfindlich ist	Mim, Hea, StoB
weil man sich zu leicht ablenken läßt	Scle, Clem
weil das Interesse schnell wieder nachläßt	WOat, Scle
weil man beim kleinsten Rückschlag aufgibt	Gent
weil man sich die Aufgabe nicht zutraut und Angst hat zu versagen	La, Mim
weil man innerlich resigniert hat	Gor, Gent
weil man gedanklich mit etwas anderem beschäftigt ist	Clem, WhiCh

Gestreßt, nervös reagieren

auf Kleinigkeiten	CrAp, RRose
aufgrund von Erwartungsangst	Mim, RRose
aufgrund von versteckten Befürchtungen	Agr, RRose, Asp
aufgrund von unterdrückten Trieben und Gefühlen	ChePl, RWat
aufgrund von zuviel Verantwortung	Elm, RRose
aufgrund von innerer Unrast	Imp, ChBud
aufgrund von Erschöpfung	Ol, RRose
aufgrund von innerer Unsicherheit	Waln, Scle, Cer, RRose
aufgrund von zu hohen Anforderungen an sich selbst	RWat, Verv, RRose, Elm
aufgrund von innerer Sturheit	RWat, Oak

Heimweh

zeitweise	Honeys,
mit Schwermut	Honeys, Must
nach einer geliebten Person	Honeys, RedCh

Kontaktschwierigkeiten, Kommunikationsprobleme, Hemmungen

durch falsche Bescheidenheit, Minderwertigkeitsgefühle	La, WaVi, Mim
durch Empfindlichkeit	WaVi, StoB
durch überhöhte Ansprüche an andere	WaVi, Bee
durch Ungeduld	WaVi, Imp, ChBud
mit Selbstvorwürfen	WaVi, Pi
durch Egozentrik	WaVi, Hea
mit Resignation	WaVi, Gor, Gent
durch Unschlüssigkeit/Launenhaftigkeit	WaVi, Scle, WOat
durch eine innere Distanz zu anderen	WaVi
durch Schüchternheit	Mim
durch Furcht, etwas falsch gemacht zu haben	La, Bee
weil man glaubt, nicht schlagfertig genug zu sein	Mim, StoB, La
weil man eigentlich nur mit sich beschäftigt ist	Hea
weil man ungeduldig ist und alles sofort haben will	Imp
weil man sich der Situation nicht gewachsen fühlt	La, Asp
weil man geistig mit einem anderen Thema beschäftigt ist	Clem, WhiCh
weil man enttäuscht und verbittert ist	Gent, Wil
weil man für eingebildet gehalten wird	WaVi
weil man über Kleinigkeiten beim anderen nicht hinwegkommt, z. B. Aussprache, Kleidung, Körpergeruch	Bee, CrAp
weil man immer recht behalten muß	Vi, La, Hea
weil man von anderen nichts erwartet	WaVi, Gor
weil man Angst vor neuen Verpflichtungen hat	Pi, Mim
weil man nie spontan sein kann	Chi, ChePl, Agr
weil man niemanden an sich heranläßt	WaVi, Mim

weil man sich nicht in die Karten schauen lassen möchte	Chi, Agr
weil man sich mit den Problemen anderer nicht belasten möchte	Chi, Hea, WaVi
weil man Auseinandersetzungen scheut	Agr, Cer, Waln
weil man keine eigene Meinung hat	Cer, WOat, Cent
weil man sich gehemmt fühlt	Mim, La
durch eine unerwartete Auseinandersetzung	StoB, Agr, Wil

Konzentrationsprobleme, Unordnung

Siehe auch: »Ablenkbar, zersplittert, inkonsequent reagieren«

weil man zu erschöpft ist	Ol, Hornb
weil man zuviel im Kopf hat	Hornb, WhiCh
weil man zu leicht abgelenkt ist	Scle, Clem
weil das Interesse zu schnell nachläßt	WOat, Scle
weil man nicht weiß, was man will	Cer, WOat
weil man geistig überfordert ist	Ol, Hornb, Cer, ChBud

Kränkungen, sich verletzt fühlen

weil man ungerecht behandelt wurde	Hol, Verv
weil man sich betrogen fühlt	Hol, Wil
weil man glaubt, die anderen müßten dankbarer sein	Hol, Chi
weil man sich zu Unrecht kritisiert fühlt	Bee, Wil
durch eine unerwartete Auseinandersetzung	StoB, Agr, Wil
man sinnt auf Rache	Hol, Chi
man möchte sich zurückziehen	Hol, WaVi
man kommt gedanklich nicht davon los	Hol, WhiCh
man ist irritiert und mißtrauisch, weil man es gut gemeint hat und mißverstanden wurde	Hol, Wil

Lernprobleme

durch Konzentrationsmangel	ChBud, WhiCh, Clem
durch frühere Fehlschläge	Honeys, ChBud, Gent, La
durch Angst vor Strafe	Asp, ChePl, Pi
durch Übereifer	ChBud, Verv

durch fehlende Motivation	WOat, WRose
bei hartnäckig wiederkehrenden Fehlern	ChBud, Honeys, Gent

Liebeskummer

akut	Hol, Wil, StoB, SwCh
mit Schuldgefühlen	Pi, Hol, La
mit Entscheidungsschwierigkeiten	Hol, WOat, Scle
mit Enttäuschungen	Hol, Wil, Gent, StoB
mit Verunsicherung	Hol, Cer, Waln
geheim, wird nicht gezeigt	Agr, Hol, ChePl
läßt nachts nicht schlafen	Hol, WhiCh, Honeys, RedCh

Mangelnde Motivation, innere Trägheit, Gleichgültigkeit

man reagiert gleichgültig und apathisch	WRose
nach einem Schicksalsschlag	WRose, Wil
mit bleierner Müdigkeit	WRose, Hornb, Must
mit Trägheitsgefühl	WRose, Hornb
aus Resignation mit Opfergefühl	Gor, Wil
aus Resignation mit Pessimismus	Gor, Gent
durch unverarbeitete Enttäuschung	StoB, Gent, Wil
durch den Verlust eines geliebten Menschen	WRose, Honeys, RedCh
man würde sich gern aus allem zurückziehen	WaVi, Clem
aus langanhaltender Überforderung	Ol, WRose, Oak
weil man nicht mehr an das Gute im Menschen glaubt	Gent, WRose

Minderwertigkeitsgefühle, Selbstwertkrise

mit Schuldgefühlen	La, Pi
mit Verunsicherung	La, Waln, Cer
weil man zu gutmütig ist	La, Cent
weil man eine langsame Auffassungsgabe hat	La, ChBud, Hornb
geheime Minderwertigkeitsgefühle	Agr, La, ChePl
aus plötzlicher Unsicherheit	Mim, Elm, La
aufgrund der äußeren Erscheinung	Bee, La, CrAp
man fürchtet, nicht so fähig zu sein wie andere	La, Mim
man versucht, Minderwertigkeitsgefühle	

mit Trotz zu überspielen	La, Vi
vorübergehende Selbstwertkrisen durch Überforderung	Elm
durch Rückschläge	La, Gent

Negative Ausstrahlung

man ist grundsätzlich Opfer der Umstände	Wil
man hat immer etwas zu kritisieren	Bee
man ist grundsätzlich erst einmal dagegen	Gent

Neubeginn

Siehe »Unsicherheit«, »Entscheidungsprobleme«, »Ablenkbar«	Hauptblüte Waln

Nicht lockerlassen können

weil man der Sieger sein muß	Vi
weil man von der Idee besessen ist	Verv
weil es hier um das Prinzip geht	RWat, Verv
weil man sich verpflichtet fühlt und sein Versprechen einhalten möchte	Oak
beim Arbeiten	Verv, Oak
beim Aufräumen, übertriebener Ordnungsdrang	CrAp, RWat
weil man Angefangenes grundsätzlich fertig machen muß	Oak, RWat
man muß alles hundertfünfzigprozentig machen	Verv, CrAp
weil man die Sache um jeden Preis zu Ende bringen will	Vi, Oak

Prüfungssituationen

klassische Examenssituation	Gent, Elm, Clem, RRose, WhiCh
wenn man schon einmal durchgefallen ist	Honeys, ChBud, La, Gent
wenn man wie das Opferlamm zur Schlachtbank geht	RRose, Wil, Cent, Clem
wenn man dazu neigt, ein Brett vor dem Kopf zu haben	ChBud, Clem, Asp

Resigniert, hoffnungslos sein

schon lange andauernd	Gor, WRose
apathisch, wie betäubt	StoB, WRose
aufgrund einer Enttäuschung	Honeys, Gent, Gor
durch Erschöpfung	WRose, Ol
man sieht schwarz	Gor, Must
aufgrund unverarbeiteter Erlebnisse	Honeys, Gor, StoB
aufgrund wiederholter Schicksalsschläge	Wil, Gor, ChBud

Schlafschwierigkeiten

unverarbeitete Erlebnisse kreisen im Kopf	WhiCh, StoB, ChePl, Honeys
durch unterdrückte Sorgen	WhiCh, Agr
durch Schuldgefühle	WhiCh, Pi, Honeys
durch Angst vor Alpträumen	Asp, RRose, WhiCh
durch Depressionen	WhiCh, Must
durch Überforderung	Ol, Elm, WhiCh, Oak
durch Angst um andere	WhiCh, RedCh
durch innere Überdrehtheit	Verv, WhiCh
mit Zähneknirschen	ChePl, WhiCh

(siehe auch »Alpträume«)

Schuldgefühle, Selbstvorwürfe

wegen einer anderen Person	RedCh, Pi
man bedauert, zu hart gewesen zu sein	Pi, Vi, Agr
mit Selbstkritik	Pi, Bee
wegen der Unfähigkeit, Entscheidungen zu treffen	Cer, Pi
mit Angst und Panik	Pi, RRose, Mim
mit Rückzugstendenz	Pi, WaVi
mit Nägelkauen	Vi, Pi, Agr

Starr, unflexibel reagieren

aufgrund von übertriebenen Prinzipien	RWat, Oak
mit Dominanzanspruch	RWat, Vi
aus Angst, ausgenutzt zu werden	StoB, Vi, Chi
aus Dogmatismus	RWat, Verv
aufgrund schlechter Erfahrungen	Bee, StoB, Gent

Stimmungsschwankungen

die Stimmung wechselt wie der Wind	Scle
man ist sehr schnell ärgerlich	Hol, Imp
man läßt sich durch die Bemerkung anderer zu leicht aus dem Konzept bringen	StoB, Waln
man hat unerklärlicherweise schlechte Laune	Must

Stur, intolerant reagieren

weil man von anderen einen hohen Ordnungs- und Reinheitsstandard erwartet	CrAp, Bee
man verlangt von anderen die gleiche Reaktionsgeschwindigkeit	Imp
man erwartet von anderen die gleichen Wertmaßstäbe	Bee
man erwartet von anderen die gleiche Begeisterung für eine Idee und wird fanatisch	Verv
man erwartet von anderen, daß sie der eigenen Meinung folgen, und möchte sie dazu zwingen	Vi
man kann aus Prinzip nicht nachgeben	Vi, RWat
man gestattet keine Ausnahme von der Regel	Oak, RWat

Trauer

tiefe Trauer	Must
macht pessimistisch, der Glaube geht verloren	Must, Gent
erzeugt Verbitterung	Must, Wil
bewirkt Selbstzweifel	Must, Cer, La
Seelentrost bei Trauer	Must, StoB
zur Ablösung von der Vergangenheit	Must, Honeys
für Hoffnung	Gor
für Lebenslust	WRose

Trennen, Trennung

man hat die Nachricht noch nicht verkraftet	StoB
man hat Schuldgefühle	Pi
man hat Angst davor	Mim, RRose
man fürchtet den Neubeginn	Mim, Asp, La
man fürchtet, andere zu verletzen	Agr, Pi

man meint, der andere wäre sein Besitz	Chi
man kann Vergangenes nicht abschließen	Honeys, Bee, Wil
man will, daß alles beim alten bleibt	Honeys, Chi
man fühlt sich energetisch verkettet	RedCh
man fürchtet, das Gesicht zu verlieren	Cer, La, Agr
man weiß nicht, ob die Entscheidung zur Trennung richtig ist	Cer, Scle
man weiß nicht, wie es nach der Trennung weitergehen soll	WOat

Übertreiben

im Denken und Fühlen	SwCh
im Handeln	Verv
bei Verliebtheit	Hol, Verv, SwCh
übertriebenes Pflichtbewußtsein	Oak, Pi, Verv
übertriebener Ehrgeiz	Vi, SwCh
übertriebenes Mitleid	RedCh
Perfektionismus	Verv, RWat

Unsicherheit, innere Verunsicherung

man will seine Unsicherheit nicht zeigen	Agr, Verv
man läßt sich immer wieder verunsichern	ChBud, Cer, Waln
wenn man von anderen beobachtet wird	Cent, La
weil man es allen recht machen will	Cer, Cent
weil man nicht weiß, was man will	Cer, WOat
weil man sich nichts zutraut	Cer, La, Mim
weil man zu viele Ratgeber hat	Cer, Waln
die Verantwortung übernehmen zu können	Elm, Cer, Mim
eine Entscheidung treffen zu können	Scle, Cer, WOat
weil man zu ungeduldig ist	Cer, ChBud, Imp
aufgrund vergangener Fehler	Pi, Cer, Honeys

Unzufrieden sein

mit der jetzigen Lebenssituation	WOat
mit einer bestimmten Lebensbedingung	Bee
wenn man seinen eigenen Leistungsansprüchen nicht genügt	RWat, La
wenn man seine Ideen nicht verwirklichen kann	Verv, Gent

ohne erkennbare Ursachen	Must
wenn gutgemeinte Ratschläge von anderen nicht befolgt werden	Chi, Bee
weil man immer wieder an der gleichen Hürde scheitert	ChBud, Gent
weil man etwas anderes erwartet hatte	Chi, Wil

Verantwortung, Eigenverantwortung

man kann keine Verantwortung für sich übernehmen	Hea
man schiebt die Verantwortung auf die Umwelt	Wil
man identifiziert sich zu stark mit einer Aufgabe und übernimmt zuviel Verantwortung	Elm
man übernimmt schuldgefärbt Verantwortung für Dinge, die nicht in den eigenen Verantwortungsbereich fallen	Pi
man kann die Grenze zwischen Selbst- und Fremdverantwortung nicht ziehen	Pi
man übernimmt Verantwortung, um eigene Bedürfnisse zu erfüllen	Chi
man möchte sich der Verantwortung entziehen	WaVi
man hat Angst vor der Verantwortung	Mim, Elm

Verkrampft, angespannt, blockiert sein

als erste Maßnahme	RR
angespannt aus Erwartungsangst	Agr, Mim
durch starke Dynamik, hohes Tempo	Imp
durch überstarke Motivation	Verv
durch hohen Leistungsanspruch an sich selbst	RWat, Verv
durch Schock	StoB, ChePl
durch übergroße Zielstrebigkeit und Ehrgeiz	Vi
weil man etwas unbedingt erreichen will	RWat, Vi, Verv
durch die eiserne Entschlossenheit, sich nicht kleinkriegen zu lassen oder nicht aufzugeben	Oak
aufgrund mangelnder seelischer Abgrenzung	Asp, Scle, Oak
weil man zu hart zu sich selbst ist	RWat, Oak
weil man zuviel will	Vi, Verv
weil man etwas noch nicht verkraftet hat	StoB, ChePl

Willensschwäche, man kann sich nicht durchsetzen

man kann nicht nein sagen	Cent
weil man niemandem weh tun möchte	Cent, Agr
weil man kein Ziel hat	Cent, WOat
weil man sich immer wieder verunsichern läßt	Cent, Waln
weil man geschockt und enttäuscht ist	Cent, StoB, Gent, Hol
um vergangene Fehler nicht noch einmal machen zu müssen	Honeys, Pi, ChBud, Cent
weil man nicht genau weiß, was man wirklich will	Cer, Waln
weil man Schuldgefühle bekommt, wenn man seinen eigenen Willen zeigt	Pi, Vi
aus Angst vor Auseinandersetzungen	Mim, Cent, Agr
aus falsch verstandener Toleranz	Bee, Cent

Zu frühes Aufgeben, Entmutigung

wenn die ersten Schwierigkeiten auftreten	Gent
weil man glaubt, »es soll nicht sein«	Asp, Wil
weil man die Hoffnung verloren hat	Gor
weil man in einem seelischen Tief ist	Must, Gent
weil man wie gelähmt ist	Wil, StoB
weil das Leben keine Freude mehr macht	Gor, WRose, Wil

Zuviel Disziplin und Selbstbeherrschung üben

zu hart und streng zu sich selbst	RWat
man gönnt sich zuwenig im Leben	RWat, Pi, WRose
man hält um jeden Preis durch, fast masochistisch	RWat, Vi, Oak
man versucht, seine Gefühle unter Kontrolle zu halten	ChePl, RWat, Vi
man ist sich selbst gegenüber zu kritisch	Bee, Verv
man schwankt zwischen Selbstdisziplin und Chaos	RWat, Clem
man will Disziplin, kann aber nicht durchhalten	RWat, Agr, Pi
man verausgabt sich immer wieder	RWat, Ol

Zweifel

über eine getroffene Entscheidung	Scle, WOat
an der Zukunft	Gent, Gor, Cer
am Partner	Hol, Gent, WOat
an der eigenen Leistung	La, Pi
an Mitmenschen allgemein	Gent, Wil, Asp
an den eigenen Kräften	Hornb, Elm, La
weil man nicht wirklich an das glaubt, was man möchte	Scle, Gor, Gent

Kapitel 7

Zubereitung, Dosierung, Einnahme

Wenn Sie die passenden Blüten für sich ausgewählt haben, gibt es verschiedene Möglichkeiten der Zubereitung, Dosierung und Einnahme.

Die beiden klassischen Zubereitungsmethoden:

Die Wasserglasmethode
Sie ist besonders geeignet für akute, stark ausgeprägte Zustände und für eine kurzfristige, tageweise Einnahme. Empfehlenswert ist sie auch zu Beginn einer Bach-Blütentherapie.

Man gibt täglich morgens aus jeder der ausgewählten Konzentratfläschchen oder Stockbottles zwei Tropfen, von Rescue vier Tropfen, in ein größeres gefülltes Wasserglas und trinkt es in kleinen Schlucken (jeder Schluck ist ein Energieimpuls), über den Tag verteilt, leer. In sehr akuten Zuständen sollte man mehrere Gläser im Abstand von einer halben Stunde leertrinken, so lange, bis der harmonisierungsbedürftige Zustand abgeklungen ist.

Wer viel unterwegs ist, verwendet statt einem Wasserglas eine Viertelliterflasche stilles Mineralwasser.

Die Einnahmeflasche
Sie ist besonders geeignet für die längerfristige Behandlung chronischer Seelenzustände und Probleme.

In ein Medizinfläschchen mit Tropfpipette oder Tropfvorrichtung, das zu ca. 75 Prozent mit Wasser und zu 25 Prozent mit Alkohol gefüllt wurde, geben Sie aus jedem der ausgewählten Konzentratfläschchen einen Tropfen pro zehn Milliliter Alkohol-Wasser-Gemisch. Von Rescue die doppelte Menge, also zwei Tropfen pro zehn Milliliter, aus der Stockbottle nehmen.

Dunkle Medizinfläschchen bekommt man in der Apotheke in

Größen zwischen zehn und 50 Milliliter. Es empfiehlt sich für Erwachsene eine Größe von 30 und für Kinder zehn oder 20 Milliliter.

Wer außer Haus arbeitet, bereitet sich praktischerweise zwei Fläschchen zu und deponiert das eine am Arbeitsplatz, das andere zu Hause im Bad.

Eigene Einnahmeflaschen können auch für die Folgemischung weiterverwendet werden. Gründliches heißes Auswaschen genügt. Bei der Weiterverwendung für andere Personen empfiehlt es sich, die Flasche auszukochen oder zu sterilisieren.

Welches Wasser als Trägersubstanz?
Bach empfahl Quellwasser und meinte damit im weitesten Sinne »gesundes Wasser aus natürlichen Quellen«. Das wäre heute in etwa vergleichbar mit Wasser aus dem eigenen Brunnen oder auch sehr gutem Leitungswasser. Das englische Bach Centre empfiehlt Volvic oder andere kohlensäurefreie Mineralwässer.

Wasser aus berühmten Heilquellen ist wegen seiner starken Eigenschwingung nicht neutral genug und daher weniger empfehlenswert. Ebenfalls nicht geeignet ist wegen seiner mangelnden »Imprägnierungsfähigkeit« entmineralisiertes oder destilliertes Wasser. Noch umstritten als Trägersubstanz ist auch die Verwendung von levitiertem oder anderweitig manipuliertem Wasser.

Welche Rolle spielt der Alkohol?
Alkohol dient nur der Konservierung des Wassers. Empfehlenswert ist Kognak bzw. Weinbrand, den auch die Konzentrate selbst enthalten, oder ein anderer klarer Brand unter 50 Prozent Alkoholgehalt.

Für Kinder oder Alkoholkranke können Einnahmeflaschen bei gleicher Wirkung ohne Alkohol angesetzt werden. Manche Schnapsgegner verwenden Himbeeressig zur Konservierung.

Hinweise für Dosierung und Einnahme[7]

Die Dosierung kann, im Gegensatz zu homöopathischen Mitteln, bei Bach-Blüten gefahrlos individuell gehandhabt werden. Die klassische Standarddosierung beträgt bei der Wasserglasmethode:

täglich zwei Tropfen pro Stockbottle im Wasserglas, aus der Einnahmeflasche: viermal täglich vier Tropfen direkt auf die Zunge.

Höhere Dosierung
Zu Beginn einer Bach-Blütentherapie hat man häufig das Bedürfnis, die Mischung wesentlich öfter einzunehmen, z. B. mehrere Wassergläser oder bis zu 15 mal täglich vier Tropfen aus der Einnahmeflasche. Diesem intuitiven Bedürfnis nachzugeben ist empfehlenswert. Das bringt oft den Durchbruch in der Therapie. Erfahrungsgemäß kehrt man nach etwa sieben Tagen von selbst zur Standarddosierung zurück.

Niedrigere Dosierung
Wenige Menschen haben intuitiv das Bedürfnis, die Tropfen seltener einzunehmen. Wer aus Erfahrung weiß, daß er von homöopathischen oder naturheilkundlichen Mitteln weniger verträgt als andere Menschen, sollte auch mit den Bach-Blüten vorsichtig beginnen und langsam von einem Tropfen bis zu dreimal drei Tropfen täglich steigern.

Dosierung für Kinder
Kinder geben erfahrungsgemäß selbst sehr deutlich zu erkennen, ob sie die Standarddosierung überschreiten oder unterschreiten wollen. Die Eltern sollten sich genau danach richten.

Einnahmedauer
- In akuten Krisen empfiehlt sich die kurzfristige Einnahme nach der Wasserglasmethode: etwa ein bis vier Tage lang. Die Zusammenstellung sollte zwischendurch je nach Zustand modifiziert werden.
- Längerfristige Behandlung chronischer Reaktionsmuster: 18 bis 28 Tage pro Mischung.
- Langzeitmischungen, z. B. für alte Menschen: fünf bis acht Wochen pro Mischung.

---

[7] Hier nur knapp die wichtigsten Informationen; wesentlich ausführlicher in Scheffer, »Die Original Bach-Blütentherapie«, 1999, S. 264–290 und 368–380.

Wenn Sie mehr über die Original Bach-Blütentherapie erfahren möchten …

Edward Bach, ***Heile dich selbst.*** Die geistige Grundlage der Original Bach-Blütentherapie, München: Irisiana
Edward Bachs großes Anliegen war die Vermittlung seiner Lehre auf breiter Basis. Dieser kostengünstige Band zum Verschenken und Weitergeben unterstützt seinen Wunsch.

Das Standardwerk

Mechthild Scheffer, *Die Original Bach-Blütentherapie. Das gesamte theoretische und praktische Bach-Blütenwissen*, München: Irisiana 2004

Der bewährte Klassiker mit der ausführlichsten Beschreibung der 38 Bach-Blütenkonzentrate für Anwender, Lehrende und Behandler.
Im Praxisteil:

- 127 Entscheidungsvergleiche zwischen zwei Bach-Blüten
- 450 Rezeptbausteine zur Herstellung individueller Bach-Blüten-Mischungen
- Ein Ratgeber-ABC mit Antworten auf die häufigsten Fragen
- Doppelfragebögen mit Checkliste zur Endauswahl.

Ergänzungen zum Standardwerk

- Mechthild Scheffer, **Der Original Bach-Blüten-Check-up. Das Kartenset zur einfachen Anwendung der Bach-Blütentherapie**, München: Irisiana, Hugendubel Verlag
  Mobiles Hilfsmittel zur Auswahl und Reflektion der persönlichen Bach-Blüten für Selbstanwender, Therapeuten und Berater. Beispiele aus der bildenden Kunst und Zitate geben die Blütenkonzepte treffend und genau wider. Der Text erklärt die Auslöser (geistige Missverständnisse) der akuten seelischen Situation und wie man sie korrigieren kann. Mit Kraftformeln, Blütenbildern, positivem Potenzial.
- Mechthild Scheffer, **Praxis der Original Bach-Blütentherapie. Das Material zur praktischen Anwendung**, München: Irisiana, Hugendubel Verlag
  Das Arbeitsbuch zum Standardwerk **Die Original Bach-Blütentherapie,** Auszüge und Ergänzungen, in praktischer Ringheftung. Formulierungshilfen, Formularvorschläge und Nachschlagetabellen zur Gestaltung eines erfolgreichen Bach-Blüten-Diagnosegesprächs.

Zur Vertiefung

Mechthild Scheffer, **Die Original Bach-Blütentherapie zur Selbstdiagnose. Blockierte Seelenzustände erkennen und verändern**, München: Irisiana, Hugendubel Verlag
Vertieft das Standardwerk **Die Original Bach-Blütentherapie.** Mit einem

praktischen Übungsprogramm: Wie entstehen die 38 von Edward Bach identifizierten seelischen Blockaden, woran kann man sie erkennen, wie tiefer verstehen, und wie kann man sie auflösen?

ZUM SCHNUPPERN

Für Patienten und Anwender:

- Mechthild Scheffer, **Die Original Bach-Blütentherapie für Einsteiger**, München: Irisiana, Hugendubel Verlag
  Die wichtigsten Fragen und Antworten für Einsteiger, Fragebogen zur Bestimmung der richtigen Bach-Blüten, Rezeptbausteine für die individuelle Bach-Blüten-Mischung, Special zu Rescue-Tropfen, die richtige Anwendung bei Kindern, akute Bach-Blüten-Hilfe für Haustiere.
- Mechthild Scheffer, **Die Original Bach-Blütentherapie zur Selbsthilfe**, München: Hugendubel Verlag
  Besonders geeignet als Erstinformation zum Einlesen in die Bach-Blütentherapie. Mit Symptomlisten aller 38 Bach-Blüten, Fragebogen, Fallstudien und ausgewählten Originaltexten von Edward Bach.
- Mechthild Scheffer, Pick-up-Broschüre: **Die Original Bach-Blütentherapie. Der schnelle Einstieg**
  Kurzbeschreibung der Original Bach-Blütentherapie. Die 38 Bach-Blüten und ihre Anwendung. Bewährt zur Abgabe in der Praxis und an Interessierte. München: Hugendubel Verlag

DIE KLASSIKER AUS DEM ENGLISCHEN BACH CENTRE

- Edward Bach, **Blumen, die durch die Seele heilen,** München: Irisiana, Hugendubel Verlag und Heyne
- Nora Weeks, **Edward Bach, Entdecker der Blütentherapie,** München: Irisiana, Hugendubel Verlag

SPEZIALTHEMEN

- Mechthild Scheffer/Wolf-Dieter Storl, **Die Seelenpflanzen des Edward Bach,** München: Irisiana, Hugendubel Verlag
- Kartenset: Mechthild Scheffer, **Bach-Blütenbilder,** München: Irisiana, Hugendubel Verlag. Format 18 x 18 cm
- Robert Dorsch, **Geschichten und Bilder aus dem Bach-Blütengarten,** Neckarsulm: Naturamed

PRAXISMATERIAL

- Poster: **Das Bach-Blütensystem auf einen Blick.** Die 38 Bach-Blüten in den 7 Bach-Gruppen in Form eines Stammbaums mit Schlüsselsymptomen und positivem Potential. Format 50 x 70.
- Kurz-Fragebogen: **Wie finde ich die richtige Bach-Blüten-Mischung**. Diagnosehilfe für Selbstanwender und Anwender mit 38 Fragen.
- Fragebogen: **Großer Fragebogen zur Selbstbestimmung von aktuellen Bach-Blüten-Mischungen**. Bewährt in der Praxis. 152 Fragen zu den Gruppen: Ich und mein jetziger Zustand, Ich und meine Schwierigkeiten, Ich und meine Umwelt, Ich und meine Vergangenheit.
- Kartenset: **Die Original Bach-Blütentherapie.** 50 Karten zur Basis-Information.

Zur Autorin

Mechthild Scheffer, ausgewiesene Expertin für Naturheilkunde und Kommunikation, führte das Werk von Dr. Edward Bach 1981 im deutschen Sprachraum ein. Seither hat sie die Original Bach-Blütentherapie systematisch ausgebaut und entscheidend weiter entwickelt.

Jahrzehntelang fungierte Mechthild Scheffer als Repräsentantin des englischen Bach Centres in Deutschland, Österreich und der Schweiz. Heute gilt sie international als Fachautorität und Wegbereiterin der Original Bach-Blütentherapie.

Ihre mehr als 30-jährige Praxis- und Forschungstätigkeit fand ihren Niederschlag in vielen Veröffentlichungen und 13 Büchern; einige davon gelten als Grundlagenwerke der Original Bach-Blütentherapie und wurden in viele Sprachen übersetzt.

Mechthild Scheffer gründete die *Institute für Bach-Blütentherapie, Forschung und Lehre* in Hamburg, Wien und Zürich. Die von ihr entwickelten Ausbildungsseminare haben schon Tausende Anwender und Therapeuten besucht.

Aktuell engagiert sich Mechthild Scheffer für die Integration der Original Bach-Blütentherapie in zukunftsweisende Salutogenese-Konzepte und Initiativen der psychosozialen Gesundheitsvorsorge.

Ihre Institute

- pflegen, fördern und verbreiten das authentische Werk von Dr. Edward Bach.
- bieten Ausbildungs- und Fortbildungsveranstaltungen für Selbstanwender, Fachbehandler und Therapeuten.
- beraten in allen praktischen und theoretischen Fragen der Original Bach-Blütentherapie.

Institut für Bach-Blütentherapie Forschung und Lehre Mechthild Scheffer IMS

Institut für Bach-Blütentherapie
Forschung und Lehre
Mechthild Scheffer
Postfach 20 25 51
D-20218 Hamburg
Telefon: +49 (0)40 43257710
Telefax: +49 (0)40 435253
E-Mail: info@bach-bluetentherapie.de

Seminarorganisation Österreich

Institut für Bach-Blütentherapie
Forschung und Lehre
Mechthild Scheffer
Pfeilgasse 29
1080 Wien
Telefon: +43 (0)1 53386400
Telefax:+43 (0)1 533864015
E-Mail: bach-bluetentherapie@aon.at

Seminarorganisation Schweiz

Jacqueline Eggenschwiler-Ritter
Fluhstrasse 29
4244 Röschenz
Telefon: +41 (0)61 7630993
Fax: +41 (0)61 7630948
E-Mail: jeggenschwiler@freesurf.ch

www.bach-bluetentherapie.com